Piotr Kropotkine

La Morale Anarchiste

1889

suivi de
Principe Anarchiste

1913

JDH Éditions
Les Atemporels

Les Atemporels

Qu'il s'agisse d'œuvres du vingtième siècle, du dix-neuvième, du dix-huitième ou encore plus tôt…

Qu'il s'agisse d'essais, de récits, de romans, de pamphlets…

Ces œuvres ont marqué leur époque, leur contexte social, et elles sont encore structurantes dans la pensée et la société d'aujourd'hui.

La collection « Les Atemporels » de JDH Éditions, réunit un choix de ces œuvres qui ne vieillissent pas, qui ont une date de publication (indiquée sur la couverture) mais pas de date de péremption. Car elles seront encore lues et relues dans un siècle.

La plupart de ces atemporels sont préfacés par un auteur ou un penseur contemporain.

© 2023. Edico
Éditions : JDH Éditions pour Edico
77600 Bussy-Saint-Georges
Imprimé par BoD – Books on Demand, Norderstedt, Allemagne

Préface de Franck Antunes

Conception couverture : Cynthia Skorupa

ISBN : 978-2-38127-325-9
ISSN : 2681-7616
Dépôt légal : avril 2023

PRÉFACE

Introduction

En d'autres temps, plus utopistes ou plus ambitieux, il a existé, par le monde occidental principalement, une importante littérature pour la diffusion des idées anarchistes.

À mesure que le souvenir des penseurs s'est étiolé, ces principes se sont répandus en se teintant de contextes peu en rapport avec les fondements.

Néanmoins, cette persévérance d'un concept libertaire puissant témoigne de la fécondité de ce qui ne peut être considéré comme un courant de pensée anecdotique, ou seulement alternatif, voire dépassé par les transformations du monde.

En proposant un projet global de société sans la puissance de l'État, l'anarchie n'est nullement une simple réorganisation du monde de la production ni de celle du travail dans sa généralité. C'est un projet pour repenser la place de l'homme dans l'organisation nécessaire à sa survie et à son bien-être.

Aujourd'hui, pour s'étalonner à nouveau aux contours du réel et ne pas dévoyer ses idéaux dans une violence décriée par les textes fondateurs, l'anarchisme se doit de se démythifier en revenant aux éditions qui ont créé son récit et ont exercé une influence sur l'Histoire.

La parution de ce livre n'a pas un but militant, mais s'inscrit dans une tentative de compréhension des enjeux modernes.

Ce texte, bien plus que centenaire, aux nombreuses rééditions, a toute sa place dans le concert des idées politiques.

Se méfier de toutes formes de pouvoir ne permet pas une liberté débridée qui ne serait aucunement compatible avec une vie en société tributaire des besoins de la communauté et de ceux spécifiques à l'individu. Accepter de faire corps et sens dans un collectif sous-tend un corpus intellectuel fort. Ce mouvement, sans Dieu ni Maître, se doit d'avoir, et ce n'est pas un paradoxe, son éthique propre comme ciment de sa relation aux autres. Du moins, c'est ce qu'en pensait l'auteur de ce texte.

La vie de l'auteur

Il faut peut-être en trouver les origines dans celles de Piotr Kropotkine (1842-1921), descendant des Princes fondateurs de la Russie, aristocrate, scientifique renommé, qui trouva son accomplissement dans la doctrine qu'il aida à définir.

Son engagement total lui vaudra de multiples arrestations, avec les évasions qui les émailleront, parcours qu'il exprimera avec truculence dans son autobiographie *Autour d'une vie*, que nous conseillons vivement de lire afin de mieux appréhender ce personnage romanesque.

Ses pérégrinations européennes seront avant tout françaises et nous le retrouverons avec des groupes fluctuant autour de noyaux de personnages influents. Il sera ainsi au cœur de la première Internationale arpentant Paris, le Jura, ou en plein Lyon dans un périple militant et observateur lui permettant de théoriser un communisme anarchiste non contradictoire en ces temps-là.

De fait, Kropotkine, riche de son parcours de vie, saura trouver par là même les principes initiateurs du concept de « propagande par le fait », dont il faut comprendre la traduction édulcorée de l'action directe et musclée. Il s'est cependant rapidement détourné de cette pensée, rebuté par l'idée de la violence et percevant l'atteinte à l'éthique contraire à ses idéaux profonds, tout autant que nuisant à l'efficacité de la transmission du message et de la cause.

Il faut aussi y voir l'influence des événements courts et intenses de la Commune de Paris (1871), première insurrection émanant directement du prolétariat, lequel occupa le pouvoir local pendant soixante-six jours. Pour Kropotkine, la répression sanglante finale a creusé un fossé infranchissable entre le peuple qui subit et la bourgeoisie qui oppresse. Il en déduit que la centralisation de l'État est installée pour protéger le capitalisme avec le soutien de l'armée et de la religion au profit de quelques-uns. Il décide définitivement de faire sans eux.

Analyse de l'œuvre

Avec *La morale anarchiste*, livre radical et raisonné, il montre que seul l'instinct d'entraide est le garant des valeurs humaines à construire.

Kropotkine s'inscrit dans une mouvance d'anarchisme social chère à Stirner, Proudhon ou Bakounine. C'est donc la solidarité et l'égalité qui sont mises en avant, soutenues par une morale qui doit permettre la naissance d'un communisme anti-autoritaire et antimarxiste, basé sur la propriété collective des moyens de production et la répartition des biens selon les besoins de chacun.

Sa vision est pour beaucoup utopiste, mais se bâtit scientifiquement avec l'adjonction d'une morale essentielle pour accepter des éléments contre-intuitifs s'opposant à ce que l'on peut connaître de la nature humaine. L'entraide et la solidarité se confrontent ainsi au darwinisme ambiant et au capitalisme déjà solidement établi.

Il en déduit une structure de réflexion basée sur une réciprocité, une justice abandonnant le strict droit pour un sens moral, et un idéal alimentant cette éthique. Tout entier tourné vers la recherche du bien commun dans l'intérêt de l'Humanité, Kropotkine admet la nature égoïste de l'Homme, pour qui l'accomplissement du bien se fait pour son propre bonheur et dans l'intention de se préserver d'une peine. Ainsi, lorsqu'un homme aide un pauvre, c'est pour se prémunir de la souffrance qu'il ressentirait à le voir souffrir. De ce constat, il cherche à déplacer cet égoïsme afin qu'il soit entraînant pour le groupe par l'exemplarité :

« *Traite les autres comme tu aimerais être traité par eux dans des circonstances analogues.* » Il ajoute : « *Le bonheur de chacun est intimement lié au bonheur de tous ceux qui l'entourent.* »

Il se différencie de ses prédécesseurs en émettant une critique sans concession des autorités et considère les révolutions comme des réactions logiques pour rétablir la solidarité.

Misant sur les préceptes moraux jusqu'à ce qu'ils deviennent inconscients, il se persuade que l'absence d'ordre, l'anarchie, serait préférable à toute autre organisation privilégiant une justice d'État ne s'exprimant que par le pouvoir douteux du juge et de la condamnation. Ainsi élevé, l'Homme n'aura pas besoin de contraintes légales pour l'empêcher de commettre des fautes car il se fixera lui-même ses limites.

Par cet écrit, Kropotkine nous indique le régime idéal qu'il juge possible, sinon inéluctable.

Dans une absence d'autorité, sous une forme d'un communisme non marxiste, il pense que la société saura faire coïncider liberté et égalité.

Il appelle à l'indignation et à se mettre en action, en toutes circonstances, face à l'inégalité et à l'injustice pour forger une morale qui sera la pierre angulaire d'une nouvelle société.

L'impact de l'œuvre

La grande leçon intemporelle de Kropotkine, celle qui nous est parvenue et qui peut vaillamment traverser les âges, est probablement celle-là :

Méfions-nous des pouvoirs afin de favoriser l'écoute des besoins véritables et l'entraide par la solidarité.

Dans notre actualité et au milieu de la vox populi, l'anarchisme a la mauvaise réputation du désordre et de la violence. Ou pire, se trouve dans le rôle de mot-valise pour devenir la définition policée d'un communisme qui n'aurait pas connu le stalinisme ; un terme à valeur de passe-droit et de caution pour des actes extrêmes au nom d'une pureté originelle.

L'anarchisme n'est pas l'absence d'ordre justifiant la mise en place d'un contre-pouvoir, mais le refus du pouvoir quelle qu'en soit la forme.

Kropotkine nous propose ainsi un choix dans une lutte pour la joie.

Franck Antunes

La Morale Anarchiste

I

L'histoire de la pensée humaine rappelle les oscillations du pendule, et ces oscillations durent déjà depuis des siècles. Après une longue période de sommeil arrive un moment de réveil. Alors la pensée s'affranchit des chaînes dont tous les intéressés — gouvernants, hommes de loi, clergé — l'avaient soigneusement entortillée. Elle les brise. Elle soumet à une critique sévère tout ce qu'on lui avait enseigné et met à nu le vide des préjugés religieux, politiques, légaux et sociaux, au sein desquels elle avait végété. Elle lance la recherche dans des voies inconnues, enrichit notre savoir de découvertes imprévues ; elle crée des sciences nouvelles.

Mais l'ennemi invétéré de la pensée — le gouvernant, l'homme de loi, le religieux — se relèvent bientôt de la défaite. Ils rassemblent peu à peu leurs forces disséminées ; ils rajeunissent leur foi et leurs codes en les adaptant à quelques besoins nouveaux. Et profitant de ce servilisme du caractère et de la pensée qu'ils avaient si bien cultivé eux-mêmes, profitant de la désorganisation momentanée de la société, exploitant le besoin de repos des uns, la soif de s'enrichir des autres, les espérances trompées des troisièmes — surtout les espérances trompées — ils se remettent doucement à leur œuvre en s'emparant d'abord de l'enfance par l'éducation.

L'esprit de l'enfant est faible, il est si facile de le soumettre par la terreur ; c'est ce qu'ils font. Ils le rendent craintif, et alors ils lui parlent des tourments de l'enfer ; ils font miroiter devant lui les souffrances de l'âme damnée, la vengeance d'un dieu implacable. Un moment après, ils lui parleront des horreurs de la Révolution, ils exploiteront un excès des révolutionnaires pour faire de l'enfant « un ami de l'ordre ». Le religieux l'habituera à l'idée de *loi* pour le faire mieux obéir à ce qu'il appellera la loi divine, et l'avocat lui parlera de loi divine pour le faire mieux obéir à la loi du code. Et la pensée de la génération suivante prendra ce pli religieux, ce pli autoritaire et servile en même temps — autorité et servilisme marchent toujours la main dans la main — cette habitude de soumission que nous ne connaissons que trop chez nos contemporains.

Pendant ces périodes de sommeil, on discute rarement les questions de morale. Les pratiques religieuses, l'hypocrisie judiciaire en tiennent lieu. On ne critique pas, on se laisse mener par l'habitude, par l'indifférence. On ne se passionne ni pour ni contre la morale établie. On fait ce que l'on peut pour accommoder extérieurement ses actes à ce que l'on dit professer. Et le niveau moral de la société tombe de plus en plus. On arrive à la morale des Romains de la décadence, de l'ancien régime, de la fin du régime bourgeois.

Tout ce qu'il y avait de bon, de grand, de généreux, d'indépendant chez l'homme s'émousse peu à peu, se rouille comme un couteau resté sans usage. Le mensonge devient vertu ; la platitude, un devoir. S'enrichir, jouir du moment, épuiser son intelligence, son ardeur, son énergie, n'importe comment, devient le mot d'ordre des classes aisées, aussi bien que de la multitude des pauvres gens dont l'idéal est de paraître bourgeois. Alors la dépravation des gouvernants — du juge, du clergé et des classes plus ou moins aisées — devient si révoltante que l'autre oscillation du pendule commence.

La jeunesse s'affranchit peu à peu, elle jette les préjugés par-dessus bord, la critique revient. La pensée se réveille, chez quelques-uns d'abord ; mais insensiblement le réveil gagne le grand nombre. La poussée se fait, la révolution surgit.

Et chaque fois, la question de la morale revient sur le tapis. — « Pourquoi suivrais-je les principes de cette morale hypocrite ? » se demande le cerveau qui s'affranchit des terreurs religieuses. — « Pourquoi n'importe quelle morale serait-elle obligatoire ? ».

On cherche alors à se rendre compte de ce sentiment moral que l'on rencontre à chaque pas, sans l'avoir encore expliqué, et que l'on n'expliquera jamais tant qu'on le croira un privilège de la nature humaine, tant qu'on ne descendra pas jusqu'aux animaux, aux plantes, aux rochers pour le comprendre. On cherche cependant à se l'expliquer selon la science du moment.

Et — faut-il le dire ? — plus on sape les bases de la morale établie, ou plutôt de l'hypocrisie qui en tient lieu — plus le niveau moral se relève dans la société. C'est à ces époques surtout, précisément quand on le critique et le nie, que le sentiment moral fait les progrès les plus rapides ; c'est alors qu'il croît, s'élève, se raffine.

On l'a vu au dix-huitième siècle. Dès 1723, Mandeville, l'auteur anonyme qui scandalisa l'Angleterre par sa « Fable des Abeilles » et les commentaires qu'il y ajouta, attaquait en face l'hypocrisie sociale connue sous le nom de morale. Il montrait comment les coutumes soi-disant morales ne sont qu'un masque hypocrite ; comment les passions, que l'on croit maîtriser par le code de morale courante, prennent au contraire une direction d'autant plus mauvaise, à cause des restrictions mêmes de ce code. Comme Fourier le fit plus tard, il demandait place libre aux passions, sans quoi elles dégénèrent en autant de vices ; et, payant en cela un tribut au manque de connaissances zoologiques de son temps, c'est-à-dire oubliant la morale des animaux, il expliquait l'origine des idées morales de l'humanité par la flatterie intéressée des parents et des classes dirigeantes.

On connaît la critique vigoureuse des idées morales faites plus tard par les philosophes écossais et les encyclopédistes. On connaît les anarchistes de 1793 et l'on sait chez qui l'on trouve le plus haut développement du sentiment moral : chez les légistes, les patriotes, les jacobins qui chantaient l'obligation et la sanction morale par l'Être suprême, ou chez les athéistes hébertistes qui niaient, comme l'a fait récemment Guyau, et l'obligation et la sanction de la morale.

— « Pourquoi serai-je moral ? » Voilà donc la question que se posèrent les rationalistes du douzième siècle, les philosophes du seizième siècle, les philosophes et les révolutionnaires du dix-huitième siècle. Plus tard, cette question revint de nouveau chez les utilitariens anglais (Bentham et Mill), chez les matérialistes allemands tels que Büchner, chez les nihilistes russes des années 1860-70, chez ce jeune fondateur de l'éthique anarchiste (la science de la morale des sociétés) — Guyau — mort malheureusement trop tôt ; voilà, enfin, la question que se posent en ce moment les jeunes anarchistes français.

Pourquoi, en effet ?

Il y a trente ans, cette même question passionna la jeunesse russe. — « Je serai immoral », venait dire un jeune nihiliste à son ami, traduisant en un acte quelconque les pensées qui le tourmentaient. — « Je serai immoral et pourquoi ne le serai-je pas ? »

— « Parce que la Bible le veut ? Mais la Bible n'est qu'une collection de traditions babyloniennes et judaïques — traditions collectionnées comme le furent les chants d'Homère ou comme on le fait encore pour les chants basques ou les légendes mongoles ! Dois-je donc revenir à l'état d'esprit des peuples à demi barbares de l'Orient ?

« Le serai-je parce que Kant me parle d'un *catégorique impératif*, d'un ordre mystérieux qui me vient du fond de moi-même et qui m'ordonne d'être moral ? Mais pourquoi ce « catégorique impératif » aurait-il plus de droits sur mes actes que cet autre impératif qui, de temps en temps, me donnera l'ordre de me soûler ? Un mot, rien qu'un mot, tout comme celui de Providence ou de Destin, inventé pour couvrir notre ignorance !

— « Ou bien serai-je moral pour faire plaisir à Bentham qui veut me faire croire que je serai plus heureux si je me noie pour sauver un passant tombé dans la rivière que si je le regarde se noyer ?

— « Ou bien encore, parce que mon éducation est telle ? parce que ma mère m'a enseigné la morale ? Mais alors, devrai-je aussi m'agenouiller devant la peinture d'un christ ou d'une madone, respecter le roi ou l'empereur, m'incliner devant le juge que je sais être un coquin, seulement parce que ma mère — nos mères à nous tous — très bonnes, mais très ignorantes, nous ont enseigné un tas de bêtises ?

« Préjugés, comme tout le reste, je travaillerai à m'en défaire. S'il me répugne d'être immoral, je me forcerai de l'être, comme, adolescent, je me forçais à ne pas craindre l'obscurité, le cimetière, les fantômes et les morts, dont on m'avait inspiré la crainte. Je le ferai pour briser une arme exploitée par les religions ; je le ferai, enfin, ne serait-ce que pour protester contre l'hypocrisie que l'on prétend nous imposer au nom d'un *mot*, auquel on a donné le nom de moralité. »

Voilà le raisonnement que la jeunesse russe se faisait au moment où elle rompait avec les préjugés du « vieux monde « et arborait ce drapeau du nihilisme, ou plutôt de la philosophie anarchiste : « Ne se courber devant *aucune* autorité, si respectée qu'elle soit ; n'accepter aucun principe, tant qu'il n'est pas établi par la raison. »

Faut-il ajouter qu'après avoir jeté au panier l'enseignement moral de leurs pères et brûlé tous les systèmes de morale, la jeunesse nihiliste a développé dans son sein un noyau de *coutumes* morales, infiniment supérieures à tout ce que leurs pères n'avaient jamais pratiqué sous la tutelle de l'Évangile, de la

« conscience », du « catégorique impératif », ou de « l'intérêt bien compris » des utilitaires ?

Mais avant de répondre à cette question : « Pourquoi serais-je moral ? », voyons d'abord si la question est bien posée ; analysons les motifs des actes humains.

II

Lorsque nos aïeux voulaient se rendre compte de ce qui pousse l'homme à agir d'une façon ou d'une autre, ils y arrivaient d'une façon bien simple. On peut voir jusqu'à présent les images catholiques qui représentent leur explication. Un homme marche à travers champs et, sans s'en douter le moins du monde, il porte le diable sur son épaule gauche et un ange sur son épaule droite. Le diable le pousse à faire le mal, l'ange cherche à l'en retenir. Et si l'ange a eu le dessus, et l'homme est resté vertueux, trois autres anges s'emparent de lui et l'emportent vers les cieux. Tout s'explique ainsi à merveille.

Nos vieilles bonnes d'enfants, bien renseignées sur ce chapitre, vous diront qu'il ne faut jamais mettre un enfant au lit sans déboutonner le col de sa chemise. Il faut laisser ouverte, à la base du cou, une place bien chaude, où l'ange gardien puisse se capitonner. Sans cela, le diable tourmenterait l'enfant jusque dans son sommeil.

Ces conceptions naïves s'en vont. Mais si les vieux mots disparaissent, l'essence reste toujours la même.

La gent éduquée ne croit plus au diable ; mais, comme ses idées ne sont pas plus rationnelles que celles de nos bonnes d'enfants, elle déguise le diable et l'ange sous un verbiage scolastique, honoré du nom de philosophie. Au lieu de « diable », on dira aujourd'hui « la chair, les passions ». « L'ange » sera remplacé par les mots « conscience » ou « âme ». — « reflet de la pensée d'un Dieu créateur » ou du « grand architecte », — comme disent les francs-maçons. Mais les actes de l'homme sont toujours représentés comme le résultat d'une lutte entre deux éléments hostiles. Et toujours l'homme est considéré d'autant plus vertueux que l'un de ces deux éléments — l'âme ou la conscience — aura remporté plus de victoires sur l'autre élément — la chair ou les passions.

On comprend facilement l'étonnement de nos grands-pères lorsque les philosophes anglais, et plus tard les encyclopédistes, vinrent affirmer, contrairement à ces conceptions primitives, que le diable et l'ange n'ont rien à voir dans les actions humaines, mais que toutes les actions de l'homme, bonnes ou mauvaises, utiles ou nuisibles, dérivent d'un seul motif : la recherche du plaisir.

Toute la confrérie religieuse et surtout la tribu nombreuse des pharisiens crièrent à l'immoralité. On couvrit les penseurs d'invectives, on les excommunia. Et lorsque plus tard, dans le courant de notre siècle, les mêmes idées furent reprises par Bentham, John Stuart Mill, Tchernychevsky, et tant d'autres, et que ces penseurs vinrent affirmer et prouver que l'égoïsme ou la recherche du plaisir est le vrai motif de toutes nos actions, les malédictions redoublèrent. On fit contre leurs livres la conspiration du silence, on en traita les auteurs d'ignares.

Et cependant, que peut-il y avoir de plus vrai que cette affirmation ?

Voilà un homme qui enlève le dernier morceau de pain à l'enfant. Tout le monde s'accorde à dire qu'il est un affreux égoïste, qu'il est guidé exclusivement par l'*amour de soi-même*.

Mais voici un autre homme, que l'on s'accorde à reconnaître vertueux. Il partage son dernier morceau de pain avec celui qui a faim, il ôte son vêtement pour le donner à celui qui a froid. Et les moralistes, parlant toujours le jargon religieux, s'empressent de dire que cet homme pousse l'amour du prochain jusqu'à l'*abnégation de soi-même*, qu'il obéit à une passion tout autre que celle de l'égoïste.

Et cependant, en y réfléchissant un peu, on découvre bien vite que, si différentes que soient les deux actions comme résultat pour l'humanité, le mobile a toujours été le même. C'est la recherche du plaisir.

Si l'homme qui donne sa dernière chemise n'y trouvait pas du plaisir, il ne le ferait pas. S'il trouvait plaisir à enlever le pain à l'enfant, il le ferait ; mais cela le répugne, il trouve plaisir à donner son pain ; et il le donne.

S'il n'y avait pas inconvénient à créer de la confusion, en employant des mots qui ont une signification établie pour leur donner un sens nouveau, on dirait que l'un et l'autre agissent sous l'impulsion de leur *égoïsme*. D'aucuns l'ont dit réellement, afin de mieux faire ressortir la pensée, de préciser l'idée en la présentant sous une forme qui frappe l'imagination — et de détruire en même temps la légende qui consiste à dire que ces deux actes ont deux motifs différents — ils ont le même motif de rechercher le plaisir, ou bien d'éviter une peine, ce qui revient au même.

Prenez le dernier des coquins : un Thiers, qui massacre trente-cinq mille Parisiens ; prenez l'assassin qui égorge toute une famille pour se vautrer dans la débauche. Ils le font, parce que, en ce moment, le désir de gloire, ou bien celui de l'argent, priment chez eux tous les autres désirs : la pitié, la compassion même, sont éteintes en ce moment par cet autre désir, cette autre soif. Ils agissent presque en automates, *pour satisfaire un besoin de leur nature*.

Ou bien, laissant de côté les fortes passions, prenez l'homme petit, qui trompe ses amis, qui ment à chaque pas, soit pour soutirer à quelqu'un la valeur d'une chose, soit par vantardise, soit par ruse. Prenez le bourgeois qui vole sou à sou ses ouvriers pour acheter une parure à sa femme ou à sa maîtresse. Prenez n'importe quel petit coquin. Celui-là encore ne fait qu'obéir à un penchant : il cherche la satisfaction d'un besoin, il cherche à éviter ce qui, pour lui, serait une peine.

On a presque honte de comparer ce petit coquin à quelqu'un qui sacrifie toute son existence pour la libération des opprimés, et monte à l'échafaud, comme une nihiliste russe, tant les résultats de ces deux existences sont différents pour l'humanité ; tant nous nous sentons attirés vers l'un et repoussés par l'autre.

Et cependant, si vous parliez à ce martyr, à la femme que l'on va pendre, alors même qu'elle va monter à l'échafaud, elle vous dirait qu'elle ne donnerait ni sa vie de bête traquée par les chiens du tsar, ni sa mort, en échange de la vie du petit coquin qui vit de sous volés aux travailleurs. Dans son existence, dans la lutte contre les monstres puissants, elle trouve ses plus hautes jouissances. Tout le reste, en dehors de cette lutte, toutes les petites joies du bourgeois et ses petites misères lui semblent si mesquines, si ennuyeuses, si tristes ! — « Vous ne *vivez* pas, vous végétez, répondrait-elle ; moi, j'ai vécu ! »

Nous parlons évidemment des actes réfléchis, conscients de l'homme, en nous réservant de parler plus tard de cette immense série d'actes inconscients, presque machinaux, qui remplissent une part si immense de notre vie. Eh bien ! dans ses actes conscients ou réfléchis, l'homme recherche toujours ce qui lui fait plaisir.

Un tel se soûle et se réduit chaque jour à l'état de brute, parce qu'il cherche dans le vin l'excitation nerveuse qu'il ne trouve pas dans son système nerveux. Tel autre ne se soûle pas, il renonce au vin, alors même qu'il y trouve plaisir, pour conserver la fraîcheur de la pensée et la plénitude de ses forces, afin de pouvoir goûter d'autres plaisirs qu'il préfère à ceux du vin. Mais, que fait-il, sinon agir comme le gourmet qui, après avoir parcouru le menu d'un grand dîner, renonce à un plat qu'il aime cependant, pour se gorger d'un autre plat qu'il lui préfère ?

Quoi qu'il fasse, l'homme recherche toujours un plaisir, ou bien il évite une peine.

Lorsqu'une femme se prive du dernier morceau de pain pour le donner au premier venu, lorsqu'elle ôte sa dernière loque pour en couvrir une autre femme qui a froid, et grelotte elle-même sur le pont du navire, elle le fait parce qu'elle souffrirait infiniment plus de voir un homme qui a faim ou une femme qui a froid, que de grelotter elle-même ou de souffrir elle-même de faim. Elle évite une peine, dont ceux-là seuls qui l'ont sentie eux-mêmes peuvent apprécier l'intensité.

Quand cet Australien, cité par Guyau, dépérit à l'idée qu'il n'a pas encore vengé la mort de son parent ; quand il s'étiole, rongé par la conscience de sa lâcheté, et ne revient à la vie qu'après avoir accompli l'acte de vengeance, il fait un acte, parfois héroïque, pour se débarrasser d'un sentiment qui l'obsède, pour reconquérir la paix intérieure qui est le suprême plaisir.

Quand une troupe de singes a vu l'un des siens tomber sous la balle du chasseur, et vient assiéger sa tente pour lui réclamer le cadavre, malgré les menaces du fusil ; lorsque enfin le vieux de la bande entre carrément, menace d'abord le chasseur, le supplie ensuite et le force enfin par ses lamentations à lui restituer le cadavre, et que la troupe l'emporte avec gémissements dans la forêt, les singes obéissent à un sentiment de condoléances plus fort que toutes les considérations de sécurité personnelle. Ce sentiment prime en eux tous les autres. La vie même perd pour eux ses attraits, tant qu'ils ne se sont pas assurés qu'ils ne peuvent plus ramener leur camarade à la vie. Ce sentiment devient si oppressif que les pauvres bêtes risquent tout pour s'en débarrasser.

Lorsque les fourmis se jettent par milliers dans les flammes d'une fourmilière que cette bête méchante, l'homme, a allumée, et périssent par centaines pour sauver leurs larves, elles obéissent encore à un besoin, celui de sauver leur progéniture. Elles risquent tout pour avoir le plaisir d'emporter ces larves qu'elles ont élevées avec plus de soins que mainte bourgeoise n'a élevé ses enfants.

Enfin, lorsqu'un infusoire évite un rayon trop fort de chaleur, et va rechercher un rayon tiède, ou lorsqu'une plante tourne ses fleurs vers le soleil, ou referme ses feuilles à l'approche de la nuit, — ces êtres obéissent encore au besoin d'éviter la peine et de rechercher le plaisir — tout comme la fourmi, le singe, l'Australien, le martyr chrétien ou le martyr anarchiste.

Rechercher le plaisir, éviter la peine, c'est le fait général (d'autres diraient la *loi*) du monde organique. C'est l'essence même de la vie.

Sans cette recherche de l'agréable, la vie même serait impossible. L'organisme se désagrégerait, la vie cesserait.

Ainsi, quelle que soit l'action de l'homme, quelle que soit sa ligne de conduite, *il le fait toujours pour obéir à un besoin de sa nature*. L'acte le plus répugnant, comme l'acte indifférent ou le plus attrayant, sont tous également dictés par un besoin de l'individu. En agissant d'une manière ou d'une autre, l'individu agit ainsi parce qu'il y trouve un plaisir, parce qu'il évite de cette manière ou croit éviter une peine.

Voilà un fait parfaitement établi; voilà l'essence de ce que l'on a appelé la théorie de l'égoïsme. Eh bien, sommes-nous plus avancés après être arrivés à cette conclusion générale ?

— Oui, certes, nous le sommes. Nous avons conquis une vérité et détruit un préjugé qui est la racine de tous les préjugés. Toute la philosophie matérialiste, dans ses rapports avec l'homme, est dans cette conclusion. Mais, s'ensuit-il que tous les actes de l'individu soient indifférents, ainsi qu'on s'est empressé d'en conclure ?
— C'est ce que nous allons voir.

III

Nous avons vu que les actions de l'homme, réfléchies ou conscientes, — plus tard nous parlerons des habitudes inconscientes — ont toutes la même origine. Celles que l'on appelle vertueuses et celles que l'on dénomme vicieuses, les grands dévouements comme les petites escroqueries, les actes attrayants aussi bien que les actes répulsifs dérivent tous de la même source. Tous sont faits pour répondre à un besoin de la nature de l'individu. Tous ont pour but la recherche du plaisir, le désir d'éviter une peine.

Nous l'avons vu dans le chapitre précédent qui n'est qu'un résumé très succinct d'une masse de faits qui pourraient être cités à l'appui.

On comprend que cette explication fasse pousser des cris à ceux qui sont encore imbus de principes religieux. Elle ne laisse pas de place au surnaturel ; elle abandonne l'idée de l'âme immortelle. Si l'homme n'agit toujours qu'en obéissant aux besoins de sa nature, s'il n'est, pour ainsi dire, qu'un « automate conscient », que devient l'âme immortelle ? que devient l'immortalité, — ce dernier refuge de ceux qui n'ont connu que peu de plaisirs et trop de souffrances et qui rêvent de trouver une compensation dans l'autre monde ?

On comprend que, grandis dans les préjugés, peu confiants dans la science qui les a si souvent trompés, guidés par le sentiment plutôt que par la pensée, ils repoussent une explication qui leur ôte le dernier espoir.

Mais que dire de ces révolutionnaires qui, depuis le siècle passé jusqu'à nos jours, chaque fois qu'ils entendent pour la première fois une explication naturelle des actions humaines (la théorie de l'égoïsme si l'on veut) s'empressent d'en tirer la même conclusion que le jeune nihiliste dont nous parlions au début et qui s'empressent de crier : « À bas la morale ! »

Que dire de ceux qui après s'être persuadés que l'homme n'agit d'une manière ou d'une autre que pour répondre à un besoin de sa nature, s'empressent d'en conclure que *tous les actes sont indifférents ;* qu'il n'y a plus ni *bien*, ni *mal* ; que sauver, au risque de sa vie, un homme qui se noie, ou le noyer pour s'emparer de sa montre, sont deux actes qui se valent ; que le martyr mourant sur l'échafaud pour avoir travaillé à affranchir l'humanité, et le petit coquin volant ses camarades, se valent l'un et l'autre — puisque tous les deux cherchent à se procurer un plaisir ?

Si encore ils ajoutaient qu'il ne doit y avoir ni bonne ni mauvaise odeur ; ni parfum de la rose ni puanteur de l'*assa fœtida*, parce que l'un et l'autre ne sont que des vibrations de molécules ; qu'il n'y a ni bon ni mauvais goût parce que l'amertume de la quinine et la douceur d'une goyave ne sont encore que des vibrations moléculaires ; qu'il n'y a ni beauté ni laideur physiques, ni intelligences ni imbécillité, parce que beauté et laideur, intelligence ou imbécillité ne sont encore que des résultats de vibrations chimiques et physiques s'opérant dans les cellules de l'organisme ; s'ils ajoutaient cela, on pourrait encore dire qu'ils radotent, mais qu'ils ont, au moins, la logique du fou.

Mais puisqu'ils ne le disent pas, — que pouvons-nous en conclure ?

Notre réponse est simple. Mandeville qui raisonnait de cette façon en 1723 dans la « Fable des Abeilles », le nihiliste russe des années 1868-70, tel anarchiste parisien de nos jours raisonnent ainsi parce que, sans s'en rendre compte, ils restent toujours embourbés dans les préjuges de leur éducation chrétienne. Si athéistes, si matérialistes ou si anarchistes qu'ils se croient, ils raisonnent exactement comme raisonnaient les pères de l'Église ou les fondateurs du bouddhisme.

Ces bons vieux nous disaient en effet : « L'acte sera bon s'il représente une victoire de l'âme sur la chair ; il sera mauvais si c'est la chair qui a pris le dessus sur l'âme ; il sera indifférent si ce n'est ni l'un ni l'autre. *Il n'y a que cela pour juger si l'acte est bon ou mauvais.* » Et nos jeunes amis de répéter après les pères chrétiens et bouddhistes : « Il n'y a que cela pour juger si l'acte est bon ou mauvais. »

Les pères de l'Église disaient : « Voyez les bêtes ; elles n'ont pas d'âme immortelle : leurs actes sont simplement faits pour répondre à un des besoins de la nature ; *c'est pourquoi* il ne peut y avoir chez les bêtes ni bons ni mauvais actes ; tous sont indifférents ; et c'est pourquoi il n'y aura pour les bêtes ni paradis ni enfer — ni récompense ni châtiment. » Et nos jeunes amis de reprendre le refrain de saint Augustin et de saint Çakyamouni et de dire : « L'homme n'est qu'une bête, ses actes sont simplement faits pour répondre à un besoin de sa nature ; *c'est pourquoi* il ne peut y avoir pour l'homme ni bons ni mauvais actes. Ils sont tous indifférents. »

C'est toujours cette maudite idée de punition et de châtiment qui se met en travers de la raison ; c'est toujours cet héritage absurde de l'enseignement religieux professant qu'un acte est bon s'il vient d'une inspiration surnaturelle et indifférent si l'origine surnaturelle lui manque. C'est encore et toujours, chez ceux mêmes qui en rient le plus fort, l'idée de l'ange sur l'épaule droite et du diable sur l'épaule gauche. « Chassez le diable et l'ange et je ne saurai plus vous dire si tel acte est bon ou mauvais, car je ne connais pas d'autre raison pour le juger. »

Le curé est toujours là, avec son diable et son ange et tout le vernis matérialiste ne suffit pas pour le cacher. Et, ce qui est pire encore, le juge, avec ses distributions de fouet aux uns et ses récompenses civiques pour les autres, est toujours là, et les principes mêmes de l'anarchie ne suffisent pas pour déraciner l'idée de punition et de récompense.

Eh bien, nous ne voulons ni du curé ni du juge. Et nous disons simplement : « L'*assa fœtida* pue, le serpent me mord, le menteur me trompe ? La plante, le reptile et l'homme, tous trois, obéissent à un besoin de la nature. Soit ! Eh bien, moi, j'obéis aussi à un besoin de ma nature en haïssant la plante qui pue, la bête qui tue par son venin et l'homme qui est encore plus venimeux que la bête. Et j'agirai en conséquence, sans m'adresser pour cela ni au diable, que je ne connais d'ailleurs pas, ni au juge que je déteste bien plus encore que le serpent. Moi, et tous ceux qui partagent mes antipathies, nous obéissons aussi à un besoin de notre nature. Et nous verrons lequel des deux a pour lui la raison et, partant, la force. »

C'est ce que nous allons voir, et par cela même nous verrons que si les saint Augustin n'avaient pas d'autre base pour distinguer entre le bien et mal, le monde animal en a une autre bien plus efficace. Le monde animal en général, depuis l'insecte jusqu'à l'homme, sait parfaitement ce qui est bien et ce qui est mal, sans consulter pour cela ni la bible ni la philosophie. Et s'il en est ainsi, la cause en est encore dans les besoins de leur nature : dans la préservation de la race et, partant, dans la plus grande somme possible de bonheur pour chaque individu.

IV

Pour distinguer entre ce qui est *bien* et ce qui est *mal*, les théologiens mosaïques, bouddhistes, chrétiens et musulmans avaient recours à l'inspiration divine. Ils voyaient que l'homme, qu'il soit sauvage ou civilisé, illettré ou savant, pervers ou bon et honnête, sait toujours s'il agit bien ou s'il agit mal, et le sait surtout quand il agit mal ; mais, ne trouvant pas d'explication à ce fait général, ils y ont vu une inspiration divine. Les philosophes métaphysiciens nous ont parlé à leur tour de conscience, d'impératif mystique, ce qui d'ailleurs n'était qu'un changement de mots.

Mais, ni les uns ni les autres n'ont su constater ce fait si simple et si frappant que les animaux vivant en société savent aussi distinguer entre le bien et le mal, tout à fait comme l'homme. Et, ce qui est plus que leurs conceptions sur le bien et le mal sont absolument du même genre que celles de l'homme. Chez les représentants les mieux développés de chaque classe séparée — poissons, insectes, oiseaux, mammifères — elles sont même identiques.

Les penseurs du dix-huitième siècle l'avaient bien remarqué, mais on l'a oublié depuis, et c'est à nous qu'il revient maintenant de faire ressortir toute l'importance de ce fait.

Forel, cet observateur inimitable des fourmis, a démontré par une masse d'observations et de faits, que lorsqu'une fourmi, qui a bien rempli de miel son jabot, rencontre d'autres fourmis au ventre vide, celles-ci lui demandent immédiatement à manger. Et parmi ces petits insectes, c'est un devoir pour la fourmi rassasiée de dégorger le miel, afin que les amis qui ont faim puissent s'en rassasier à leur tour. Demandez aux fourmis s'il serait bien de refuser la nourriture aux autres fourmis de la même fourmilière quand on a eu sa part ? Elles vous répondront par des actes qu'il est impossible de ne pas comprendre, que ce serait très mal. Une fourmi aussi égoïste serait traitée plus durement que des ennemis d'une autre espèce. Si cela arrivait pendant un combat entre deux espèces différentes, on abandonnerait la lutte pour s'acharner contre cette égoïste. Ce fait est démontré par des expériences qui ne laissent aucun doute.

Ou bien, demandez aux moineaux qui habitent votre jardin s'il est bien de ne pas avertir toute la petite société que vous avez jeté quelques miettes de pain dans le jardin, afin que tous puissent participer au repas. Demandez-leur si tel friquet a bien agi en volant au nid de son voisin les brins de paille que celui-ci avait ramassés et que le pillard ne veut pas se donner la peine de ramasser lui-même. Et les moineaux vous répondront que c'est très mal, en se jetant tous sur le voleur et en le poursuivant à coups de bec.

Demandez encore aux marmottes si c'est bien de refuser l'accès de son magasin souterrain aux autres marmottes de la même colonie, et elles vous répondront que c'est très mal, en faisant toute sorte de chicanes à l'avare.

Demandez enfin à l'homme primitif, au Tchoukche, par exemple, si c'est bien de prendre à manger dans la tente d'un des membres de la tribu en son absence. Et il vous répondra que si l'homme pouvait lui-même se procurer sa nourriture, c'eût été très mal. Mais s'il était fatigué ou dans le besoin, il devait prendre la nourriture là où il la trouvait ; mais que, dans ce cas, il eût bien fait de laisser son bonnet ou son couteau, ou bien même un bout de ficelle avec un nœud, afin que le chasseur absent puisse savoir en rentrant qu'il a eu la visite d'un ami et non d'un maraudeur. Cette précaution lui eût évité les soucis que lui donnerait la présence possible d'un maraudeur aux environs de sa tente.

Des milliers de faits semblables pourraient être cités ; des livres entiers pourraient être écrits pour montrer combien les conceptions du bien et du mal sont identiques chez l'homme et chez les animaux.

La fourmi, l'oiseau, la marmotte et le Tchouktche sauvage n'ont lu ni Kant ni les saints Pères, ni même Moïse. Et cependant, tous ont la même idée du bien et du mal. Et si vous réfléchissez un moment sur ce qu'il y a au fond de cette idée, vous verrez sur-le-champ que ce qui est réputé bon chez les fourmis, les marmottes et les moralistes chrétiens ou athées, c'est ce qui est *utile* pour la préservation de la race — et ce qui est réputé *mauvais*, c'est ce qui lui est *nuisible*. Non pas pour l'individu, comme disaient Bentham et Mill, mais bel et bien pour la race entière.

L'idée du bien et du mal n'a ainsi rien à voir avec la religion ou la conscience mystérieuse : c'est un besoin naturel des races animales. Et quand les fondateurs des religions, les philosophes et les moralistes nous parlent d'entités divines ou métaphysiques, ils ne font que ressasser ce que chaque fourmi, chaque moineau pratiquent dans leurs petites sociétés :

Est-ce utile à la société ? Alors c'est *bon*. — Est-ce *nuisible* ? Alors c'est *mauvais*.

Cette idée peut être très rétrécie chez les animaux inférieurs, ou bien elle s'élargit chez les animaux les plus avancés, mais son essence reste toujours la même.

Chez les fourmis, elle ne sort pas de la fourmilière. Toutes les coutumes sociables, toutes les règles de bienséance ne sont applicables qu'aux individus de la même fourmilière. Il faut dégorger la nourriture aux membres de la fourmilière — jamais aux autres. Une fourmilière ne fera pas une seule famille avec une autre fourmilière, à moins de circonstances exceptionnelles, telle que la détresse commune à toutes les deux. De même les moineaux du Luxembourg, tout en se supportant mutuellement d'une manière frappante, feront une guerre acharnée à un moineau du square Monge qui oserait s'aventurer au Luxembourg. Et le Tchouktche considérera un Tchouktche d'une autre tribu comme un personnage auquel les usages de la tribu ne s'appliquent pas. Il est même permis de lui vendre (vendre, c'est toujours plus ou moins voler l'acheteur : sur les deux, il y en a toujours un de dupe), tandis que ce serait un crime de vendre aux membres de sa tribu : à ceux-ci on *donne* sans jamais compter. Et l'homme civilisé, comprenant enfin les rapports intimes, quoique imperceptibles au premier coup d'œil, entre lui et le dernier des Papouas, étendra ses principes de solidarité sur toute l'espèce humaine et même sur les animaux. L'idée s'élargit, mais le fond reste toujours le même.

D'autre part, la conception du bien et du mal varie selon le degré d'intelligence ou de connaissance acquises. Elle n'a rien d'immuable.

L'homme primitif pouvait trouver très *bon*, c'est-à-dire très utile à la race, de manger ses vieux parents quand ils devenaient une charge (très lourde au fond) pour la communauté. Il pouvait aussi trouver bon — c'est-à-dire toujours utile pour la communauté — de tuer ses enfants nouveau-nés et de n'en garder que deux ou trois par famille afin que la mère pût les allaiter jusqu'à l'âge de trois ans et leur prodiguer sa tendresse.

Aujourd'hui, les idées ont changé ; mais les moyens de subsistance ne sont plus ce qu'ils étaient dans l'âge de pierre. L'homme civilisé n'est pas dans la position de la famille sauvage qui avait à choisir entre deux maux : ou bien manger les vieux parents, ou bien se nourrir tous insuffisamment et bientôt se trouver réduits à ne plus pouvoir nourrir ni les vieux parents ni la jeune famille. Il faut bien se transporter dans ces âges que nous pouvons à peine évoquer dans notre esprit, pour comprendre que, dans les circonstances d'alors, l'homme demi-sauvage pouvait raisonner assez juste.

Les raisonnements peuvent changer. L'appréciation de ce qui est utile ou nuisible à la race change, mais le fond reste immuable. Et si l'on voulait mettre toute cette philosophie du règne animal en une seule phrase, on verrait que fourmis, oiseaux, marmottes et hommes sont d'accord sur un point.

Les chrétiens disaient : « *Ne fais pas* aux autres ce que tu ne veux pas qu'on te fasse à toi ». Et ils ajoutaient : « Sinon, tu seras expédié dans l'enfer ! »

La moralité qui se dégage de l'observation de tout l'ensemble du règne animal, supérieure de beaucoup à la précédente, peut se résumer ainsi : « *Fais* aux autres ce que tu voudrais qu'ils te fassent dans les mêmes circonstances. »

Et elle ajoute :

« Remarque bien que ce n'est qu'un *conseil* ; mais ce conseil est le fruit d'une longue expérience de la vie des animaux en sociétés et chez l'immense masse des animaux vivant en sociétés, l'homme y compris, agir selon ce principe a passé à l'état d'*habitude*. Sans cela, d'ailleurs, aucune société ne pourrait exister, aucune race ne pourrait vaincre les obstacles naturels contre lesquels elle a à lutter. »

Ce principe si simple est-il bien ce qui se dégage de l'observation des animaux sociables et des sociétés humaines ? Est-il applicable ? Et comment ce principe passe-t-il à l'état d'habitude et se développe toujours ? C'est ce que nous allons voir maintenant.

V

L'idée du bien et du mal existe dans l'humanité. L'homme, quelque degré de développement intellectuel qu'il ait atteint, quelque obscurcies que soient ses idées par les préjugés et l'intérêt personnel, considère généralement comme *bon ce qui est utile à la société dans laquelle il vit*, et comme mauvais ce qui lui est nuisible.

Mais d'où vient cette conception, très souvent si vague qu'à peine pourrait-on la distinguer d'un sentiment ? Voilà des millions et des millions d'êtres humains qui jamais n'ont réfléchi à l'espèce humaine. Ils n'en connaissent, pour la plupart, que le clan où la famille, rarement la nation — et encore plus rarement l'humanité — comment se peut-il qu'ils puissent considérer comme bon ce qui est utile à l'espèce humaine, ou même arriver à un sentiment de solidarité avec leur clan, malgré leurs instincts étroitement égoïstes ?

Ce fait a beaucoup occupé les penseurs de tout temps. Il continue de les occuper, et il ne se passe pas d'année que des livres ne soient écrits sur ce sujet. À notre tour, nous allons donner notre vue des choses ; mais relevons en passant que si l'*explication* du fait peut varier, le fait lui-même n'en reste pas moins incontestable ; et lors même que notre explication ne serait pas encore la vraie, ou qu'elle ne serait pas complète, le fait, avec ses conséquences pour l'homme, resterait toujours. Nous pouvons ne pas nous expliquer entièrement l'origine des planètes qui roulent autour du soleil, — les planètes roulent néanmoins, et l'une nous emporte avec elle dans l'espace.

Nous avons déjà parlé de l'explication religieuse. Si l'homme distingue entre le bien et le mal, disent les hommes religieux, c'est que Dieu lui a inspiré cette idée. Utile ou nuisible, il n'a pas à discuter : il n'a qu'à obéir à l'idée de son créateur. Ne nous arrêtons pas à cette explication — fruit des terreurs et de l'ignorance du sauvage. Passons.

D'autres (comme Hobbes) ont cherché à l'expliquer par la *loi*. Ce serait la *loi* qui aurait développé chez l'homme le sentiment du *juste* et de l'*injuste*, du *bien* et du *mal*. Nos lecteurs apprécieront eux-mêmes cette explication. Ils savent que la loi a simplement utilisé les sentiments sociaux de l'homme pour lui glisser, avec des préceptes de morale qu'il acceptait, des ordres utiles à la minorité des exploiteurs, contre lesquels il se rebiffait. Elle a perverti le sentiment de justice au lieu de le développer. Donc, passons encore.

Ne nous arrêtons pas non plus à l'explication des utilitaires. Ils veulent que l'homme agisse moralement par intérêt personnel, et ils oublient ses sentiments de solidarité avec la race entière, qui existent, quelle que soit leur origine. Il y a déjà un peu de vrai dans leur explication. Mais ce n'est pas encore la vérité entière. Aussi, allons plus loin.

C'est encore, et toujours, aux penseurs du dix-huitième siècle qu'il appartient d'avoir deviné, en partie du moins, l'origine du sentiment moral.

Dans un livre superbe, autour duquel la prêtaille a fait le silence et qui est en effet peu connu de la plupart des penseurs, même antireligieux, Adam Smith a mis le doigt sur la vraie origine du sentiment moral. Il ne va pas le chercher dans des sentiments religieux ou mystiques, — il le trouve dans le simple sentiment de sympathie.

Vous voyez qu'un homme bat un enfant. Vous savez que l'enfant battu souffre. Votre imagination vous fait ressentir vous-même le mal qu'on lui inflige ; ou bien, ses pleurs, sa petite face souffrante vous le disent. Et si vous n'êtes pas un lâche, vous vous jetez sur l'homme qui bat l'enfant, vous arrachez celui-ci à la brute.

Cet exemple, à lui seul, explique presque tous les sentiments moraux. Plus votre imagination est puissante, mieux vous pourrez vous imaginer ce que sent un être que l'on fait souffrir ; et plus intense, plus délicat sera votre sentiment moral. Plus vous êtes entraîné à vous substituer à cet autre individu, et plus vous ressentirez le mal qu'on lui fait, l'injure qui lui a été adressée, l'injustice dont il a été victime — et plus vous serez poussé à agir pour empêcher le mal, l'injure ou l'injustice. Et plus vous serez habitué, par les circonstances, par ceux qui vous entourent, ou par l'intensité de votre propre pensée et de votre propre imagination à *agir* dans le sens où votre pensée et votre imagination vous poussent — plus ce sentiment moral grandira en vous, plus il deviendra *habitude*.

C'est là ce qu'Adam Smith développe avec un luxe d'exemples. Il était jeune lorsqu'il écrivit ce livre infiniment supérieur à son œuvre sénile, « L'Économie Politique ». Libre de tout préjugé religieux, il chercha l'explication morale dans un fait physique de la nature humaine, et c'est pourquoi pendant un siècle la prêtaille en soutane ou sans soutane a fait silence autour de ce livre.

La seule faute d'Adam Smith est de n'avoir pas compris que ce même sentiment de sympathie, passé à l'état d'habitude, existe chez les animaux tout aussi bien que chez l'homme.

N'en déplaise aux vulgarisateurs de Darwin, ignorant chez lui tout ce qu'il n'avait pas emprunté à Malthus, le sentiment de solidarité est le trait prédominant de la vie de tous les animaux qui vivent en sociétés. L'aigle dévore le moineau, le loup dévore les marmottes, mais les aigles et les loups s'aident entre eux pour chasser, et les moineaux et les marmottes se solidarisent si bien contre les animaux de proie que les maladroits seuls se laissent pincer. En toute société animale, la solidarité est une loi (un fait général) de la nature, infiniment plus importante que cette lutte pour l'existence dont les bourgeois nous chantent la vertu sur tous les refrains, afin de mieux nous abrutir.

Quand nous étudions le monde animal et que nous cherchons à nous rendre compte de la lutte pour l'existence soutenue par chaque être vivant contre les circonstances adverses et contre ses ennemis, nous constatons que plus le principe de solidarité égalitaire est développé dans une société animale et passé à l'état d'habitude, — plus elle a de chances de survivre et de sortir triomphante de la lutte contre les intempéries et contre ses ennemis. Mieux chaque membre de la société sent sa solidarité avec chaque autre membre de la société — mieux se développent, en eux tous, ces deux qualités qui sont les facteurs principaux de la victoire et de tout progrès — le courage d'une part, et d'autre part la libre initiative de l'individu. Et plus, au contraire, telle société animale ou tel petit groupe d'animaux perd ce sentiment de solidarité (ce qui arrive à la suite d'une misère exceptionnelle, ou bien à la suite d'une abondance exceptionnelle de nourriture), plus les deux autres facteurs du progrès — le courage et l'initiative individuelle — diminuent ; ils finissent par disparaître, et la société, tombée en décadence, succombe devant ses ennemis. Sans confiance mutuelle, point de lutte possible ; point de courage, point d'initiative, point de solidarité — et point de victoire ! C'est la défaite assurée.

Nous reviendrons un jour sur ce sujet et nous pourrons démontrer avec luxe de preuves comment, dans le monde animal et humain, la loi de l'appui mutuel est la loi du progrès, et comment l'appui mutuel, ainsi que le courage et l'initiative individuelle qui en découlent, assurent la victoire à l'espèce qui sait mieux les pratiquer. Pour le moment, il nous suffira de constater ce fait. Le lecteur comprendra lui-même toute son importance pour la question qui nous occupe.

Que l'on s'imagine maintenant ce sentiment de solidarité agissant à travers les millions d'âges qui se sont succédé depuis que les premières ébauches d'animaux ont apparu sur le globe. Que l'on s'imagine comment ce sentiment peu à peu devenait habitude et se transmettait par l'hérédité, depuis l'organisme microscopique le plus simple jusqu'à ses descendants, — les insectes, les reptiles, les mammifères et l'homme, — et l'on comprendra l'origine du sentiment moral qui est une *nécessité* pour l'animal, tout comme la nourriture ou l'organe destiné à la digérer.

Voilà, sans remonter encore plus haut (car ici il nous faudrait parler des animaux compliqués, issus de *colonies* de petits êtres extrêmement simples), l'origine du sentiment moral. Nous avons dû être extrêmement court pour faire rentrer cette grande question dans l'espace de quelques petites pages, mais cela suffit déjà pour voir qu'il n'y a là rien de mystique ni de sentimental. Sans cette solidarité de l'individu avec l'espèce, le règne animal ne se serait jamais développé ni perfectionné. L'être le plus avancé sur la terre serait encore un de ces petits grumeaux qui nagent dans les eaux et qui s'aperçoivent à peine au microscope. Existerait-il même, car les premières agrégations de cellules ne sont-elles pas déjà un fait d'association dans la lutte ?

VI

Ainsi nous voyons qu'en observant les sociétés animales, — non pas en bourgeois intéressé, mais en simple observateur intelligent — on arrive à constater que ce principe : « Traite les autres comme tu aimerais à être traité par eux dans des circonstances analogues » se retrouve partout où il y a société.

Et quand on étudie de plus près le développement ou l'évolution du monde animal, on découvre (avec le zoologiste Kessler et l'économiste Tchernychevsky) que ce principe, traduit par un seul mot, Solidarité, a eu, dans le développement du règne animal, une part infiniment plus grande que toutes les adaptations pouvant résulter d'une lutte entre individus pour l'acquisition d'avantages personnels.

Il est évident que la pratique de la solidarité se rencontre encore plus dans les sociétés humaines. Déjà les sociétés de singes, les plus élevées dans l'échelle animale, nous offrent une pratique de la solidarité des plus frappantes. L'homme fait encore un pas dans cette voie, et cela seul lui permet de préserver sa race chétive au milieu des obstacles que lui oppose la nature et de développer son intelligence.

Quand on étudie les sociétés de primitifs, restés jusqu'à présent au niveau de l'âge de pierre, on voit dans leurs petites communautés la solidarité pratiquée au plus haut degré envers tous les membres de la communauté.

Voilà pourquoi ce sentiment, cette pratique de solidarité, ne cessent jamais, pas même aux époques les plus mauvaises de l'histoire. Lors même que des circonstances temporaires de domination, de servitude, d'exploitation font méconnaître ce principe, il reste toujours dans la pensée du grand nombre, si bien qu'il amène une poussée contre les mauvaises institutions, une révolution. Cela se comprend : sans cela, la société devrait périr.

Pour l'immense majorité des animaux et des hommes, ce sentiment reste, et doit rester à l'état d'habitude acquise, de principe toujours présent à l'esprit, alors même qu'on le méconnaisse souvent dans les actes.

C'est toute l'évolution du règne animal qui parle en nous. Et elle est longue, très longue : elle compte des centaines de millions d'années.

Lors même que nous voudrions nous en débarrasser, nous ne le pourrions pas. Il serait plus facile à l'homme de s'habituer à marcher sur ses quatre pattes que de se débarrasser du sentiment moral. Il est antérieur, dans l'évolution animale, à la posture droite de l'homme.

Le sens moral est en nous une faculté naturelle, tout comme le sens de l'odorat et le sens du toucher.

Quant à la Loi et à la Religion qui, *elles aussi*, ont prêché ce principe, nous savons qu'elles l'ont simplement escamoté pour en couvrir leur marchandise — leurs prescriptions à l'avantage du conquérant, de l'exploiteur et du prêtre. Sans ce principe de solidarité dont la justesse est généralement reconnue, comment auraient-elles eu la prise sur les esprits ?

Elles s'en couvraient l'une et l'autre, tout comme l'autorité qui, elle aussi, réussit à s'imposer en se posant pour protectrice des faibles contre les forts.

En jetant par-dessus bord la Loi, la Religion et l'Autorité, l'humanité reprend possession du principe moral qu'elle s'est laissé enlever afin de soumettre à la critique et de le purger des adultérations dont le prêtre, le juge et le gouvernant l'avaient empoisonné et l'empoisonnent encore.

Mais nier le principe moral *parce que* l'Église et la Loi l'ont exploité, serait aussi peu raisonnable que de déclarer qu'on ne se lavera jamais, qu'on mangera du porc infesté de trichines et qu'on ne voudra pas de la possession communale du sol, *parce que* le Coran prescrit de se laver chaque jour, *parce que* l'hygiéniste Moïse défendait aux Hébreux de manger le porc, ou *parce que* le Chariat (le supplément du Coran) veut que toute terre restée inculte pendant trois ans retourne à la communauté.

D'ailleurs, ce principe de traiter les autres comme on veut être traité soi-même, qu'est-il, sinon le principe même de l'Égalité, le principe fondamental de l'Anarchie ? Et comment peut-on seulement arriver à se croire anarchiste sans le mettre en pratique ?

Nous ne voulons pas être gouvernés. Mais, par cela même, ne déclarons-nous pas que nous ne voulons gouverner personne ? Nous ne voulons pas être trompés, nous voulons qu'on nous dise toujours rien que la vérité. Mais, par cela même, ne déclarons-nous pas que nous même ne voulons tromper personne, que nous nous engageons à dire toujours la vérité, rien que la vérité, toute la vérité ? Nous ne voulons pas qu'on nous vole les fruits de notre labeur ; mais, par cela même, ne déclarons-nous pas respecter les fruits du labeur d'autrui ?

De quel droit, en effet, demanderions-nous qu'on nous traitât d'une certaine façon, en nous réservant de traiter les autres d'une façon tout à fait différente ? Serions-nous, par hasard, cet « os blanc » des Kirghizes qui peut traiter les autres comme bon lui semble ? Notre simple sentiment d'égalité se révolte à cette idée.

L'égalité dans les rapports mutuels et la solidarité qui en résulte nécessairement, — voilà l'arme, la plus puissante du monde animal dans la lutte pour l'existence. Et l'égalité c'est l'équité.

En nous déclarant anarchistes, nous proclamons d'avance que nous renonçons à traiter les autres comme nous ne voudrions pas être traités par eux ; que nous ne tolérerons plus l'inégalité qui permettrait à quelques-uns d'entre nous d'exercer leur force, ou leur ruse, ou leur habileté, d'une façon qui nous déplairait à nous-mêmes. Mais l'égalité en tout — synonyme d'équité — c'est l'anarchie même. Au diable l'os blanc qui s'arroge le droit de tromper la simplicité des autres ! Nous n'en voulons pas, et nous le supprimerons au besoin. Ce n'est pas seulement à cette trinité abstraite de Loi, de Religion et d'Autorité que nous déclarons la guerre. En devenant anarchistes, nous déclarons la guerre à tout ce flot de tromperie, de ruse, d'exploitation, de dépravation, de vice — d'inégalité en un mot — qu'elles ont déversé dans les cœurs de nous tous. Noua déclarons guerre à *leur* manière d'agir, à *leur* manière de penser. Le gouverné, le trompé, l'exploité, la prostituée et ainsi de suite, blessant avant tout nos sentiments d'égalité. C'est au nom de l'Égalité que nous ne voulons plus ni prostituées, ni exploités, ni trompés, ni gouvernés.

On nous dira, peut-être, on l'a dit quelquefois : « Mais si vous pensez qu'il faille toujours traiter les autres comme vous voudriez être traité vous-même, de quel droit userez-vous de la force dans n'importe quelle circonstance ? De quel droit braquer des canons contre des barbares, ou des civilisés, qui envahissent votre pays ? De quel droit déposséder l'exploiteur ? De quel droit tuer non seulement un tyran, mais une simple vipère ?

De quel droit ? Qu'entendez-vous par ce mot baroque, emprunté à la Loi ? Voulez-vous savoir si j'aurai conscience de bien agir en faisant cela ? Si ceux que j'estime trouveront que j'ai bien fait ? Est-ce cela que vous demandez ? En cas, notre réponse est simple.

Certainement oui ! Parce que nous demandons qu'on nous tue, nous, comme des bêtes venimeuses, si nous allons faire une invasion au Tonkin ou chez des Zoulous qui ne nous ont jamais fait aucun mal. Nous disons à nos fils, à nos amis : « Tue-moi si je ne me mets jamais du parti de l'invasion ! »

Certainement oui ! Parce que nous demandons qu'on nous dépossède, nous, si un jour, mentant à nos principes, nous nous emparons d'un héritage — serait-il tombé du ciel — pour l'employer à l'exploitation des autres.

Certainement oui. Parce que tout homme de cœur demande à l'avance qu'on le tue si jamais il devient vipère, qu'on lui plonge le poignard dans le cœur si jamais il prend la place d'un tyran détrôné.

Sur cent hommes ayant femme et enfants il y en aura quatre-vingt-dix qui, sentant l'approche de la folie (la perte du contrôle cérébral sur leurs actions), chercheront à se suicider de peur de faire du mal à ceux qu'ils aiment. Chaque fois qu'un homme de cœur se sent devenir dangereux à ceux qu'il aime, il veut mourir avant de l'être devenu.

Un jour, à Irkoutsk, un docteur polonais et un photographe sont mordus par un petit chien enragé. Le photographe se brûle la plaie au fer rouge ; le médecin se borne à la cautériser. Il est jeune, beau, débordant de vie. Il venait de sortir du bagne auquel le gouvernement l'avait condamné pour son dévouement à la cause du peuple. Fort de son savoir et surtout de son intelligence, il faisait des cures merveilleuses ; les malades l'adoraient.

Six semaines plus tard, il s'aperçoit que le bras mordu commente à enfler. Docteur lui-même, il ne pouvait s'y méprendre : c'était la rage qui venait. Il court chez un ami, docteur et exilé comme lui. — « Vite ! je t'en prie, de la strychnine. Tu vois ce bras, tu sais ce que c'est ? Dans une heure, ou moins, je serai pris de rage, je chercherai à te mordre, toi et les amis, ne perds pas de temps ! de la strychnine : il faut mourir. »

Il se sentait devenir vipère : il demandait qu'on le tuât.

L'ami hésita ; il voulut essayer un traitement antirabique. À deux, avec une femme courageuse, ils se mirent à le soigner…, et deux heures après, le docteur, écumant, se jetait sur eux, cherchant à les mordre ; puis il revenait à soi, réclamait la strychnine — et rageait de nouveau. Il mourut en d'affreuses convulsions.

Que de faits semblables ne pourrions-nous pas citer, basés sur notre expérience ! L'homme de cœur préfère mourir que de devenir la cause de maux pour les autres. Et c'est pourquoi il aura conscience de bien faire, et l'approbation de ceux qu'il estime le suivra s'il tue la vipère ou le tyran.

Pérovskaya et ses amis ont tué le tsar russe. Et l'humanité entière, malgré sa répugnance du sang versé, malgré ses sympathies pour un qui avait laissé libérer les serfs, leur a reconnu ce droit. — Pourquoi ? Non pas qu'elle ait reconnu l'acte *utile* : les trois quarts en doutent encore ; mais parce qu'elle a senti que pour tout l'or du monde, Pérovskaya et ses amis n'auraient pas consenti à devenir tyrans à leur tour. Ceux mêmes qui ignorent le drame un entier, sont assurés néanmoins que ce n'était pas là une bravade de jeunes gens, un crime de palais, ni la recherche du pouvoir : c'était la haine de la tyrannie jusqu'au mépris de soi-même, jusqu'à la mort.

« Ceux là — s'est-on dit — avaient conquis le droit de tuer », comme on s'est dit de Louise Michel : « *Elle* avait le droit de piller », ou encore : « Eux, ils avaient le droit de voler », en parlant de ces terroristes qui vivaient de patin sec et qui volaient un million ou deux au trésor de Kichineff en prenant, au risque de périr eux-mêmes, toutes les précautions possibles pour dégager la responsabilité de la sentinelle qui gardait la caisse, baïonnette au canon.

Ce droit d'user de la force, l'humanité ne le refuse jamais à ceux qui l'ont conquis, — que ce droit soit usé sur les barricades ou dans l'ombre d'un carrefour. Mais, pour que tel acte produise une impression profonde sur les esprits, il faut *conquérir ce droit*. Sans cela, l'acte — utile ou non — resterait un simple fait brutal sans importance pour le progrès des idées. On n'y verrait qu'un déplacement de force, une simple substitution d'exploiteur à un autre exploiteur.

VII

Jusqu'à présent, nous avons toujours parlé des actions conscientes, réfléchies, de l'homme (de celles que nous faisons en nous en rendant compte). Mais, à côté de la vie consciente, nous avons la vie inconsciente, infiniment plus vaste et trop ignorée autrefois. Cependant, il suffit d'observer la manière dont nous nous habillons le matin, en nous efforçant de boutonner un bouton que nous savons avoir perdu la veille, ou portant la main pour saisir un objet que nous avons déplacé nous-mêmes, pour avoir une idée de cette vie inconsciente et concevoir la part immense qu'elle joue dans notre existence.

Les trois quarts de nos rapports avec les autres sont faits de cette vie inconsciente. Notre manière de parler, de sourire ou de froncer les sourcils, de nous emporter dans la discussion ou de rester calme — tout cela nous le faisons sans nous en rendre compte, par simple habitude, soit héritée de nos ancêtres humains ou pré-humains (voyez seulement la ressemblance de l'expression de l'homme et de l'animal quand l'un et l'autre se fâchent), ou bien acquise, consciemment ou inconsciemment.

Notre manière d'agir envers les autres passe ainsi à l'état d'habitude. Et l'homme qui aura acquis le plus d'habitudes morales, sera certainement supérieur à ce bon chrétien qui prétend être toujours poussé par le diable à faire le mal et qui ne peut s'en empêcher qu'en évoquant les souffrances de l'enfer ou les joies du paradis.

Traiter les autres comme il aimerait à être traité lui-même, passe chez l'homme et chez tous les animaux sociables à l'état de simple *habitude*, si bien que généralement l'homme ne se demande même pas comment il doit agir dans telle circonstance. Il agit bien ou mal, sans réfléchir. Et ce n'est que dans des circonstances exceptionnelles, en présence d'un cas complexe ou sous l'impulsion d'une passion ardente, qu'il hésite et que les diverses parties de son cerveau (un organe très complexe, dont les parties diverses fonctionnent avec une certaine indépendance) entrent en lutte. Alors il se substitue en imagination à la personne qui est en face de lui ; il se demande s'il lui plairait d'être traité de la même manière, et sa décision sera d'autant plus morale qu'il se sera mieux identifié à la personne dont il était sur le point de blesser la dignité ou les intérêts. On bien, un ami interviendra et lui dira : « Imagine-toi à sa place ; est-ce que tu aurais souffert d'être traité par lui comme tu viens de le traiter ? » Et cela suffit.

Ainsi, l'appel au principe d'égalité ne se fait qu'en un moment d'hésitation, tandis que dans quatre-vingt-dix-neuf cas sur cent nous agissons moralement par simple habitude.

On aura certainement remarqué que dans tout ce que nous avons dit jusqu'à présent nous n'avons rien cherché à imposer. Nous avons simplement exposé comment les choses se passent dans le monde animal et parmi les hommes.

L'Église menaçait autrefois les hommes de l'enfer, pour moraliser, et on sait comment elle y a réussi : elle les démoralisait. Le juge menace du carcan, du fouet, du gibet, toujours au nom de ces mêmes principes de sociabilité qu'il a escamotés à la Société ; et il la démoralise. Et les autoritaires de toute nuance crient encore au péril social à l'idée que le juge peut disparaître de la terre en même temps que le prêtre.

Eh bien, nous ne craignons pas de renoncer au juge et à la condamnation. Nous renonçons même, avec Guyau, à toute espèce de sanction, à toute espèce d'obligation de la morale. Nous ne craignons pas de dire : « Fais ce que tu veux, fais comme tu veux » — parce que nous sommes persuadés que l'immense masse des hommes, à mesure qu'ils seront de plus en plus éclairés et se débarrasseront des entraves actuelles, fera et agira toujours dans une certaine direction utile à la société, tout comme nous sommes persuadés d'avance que l'enfant marchera un jour sur deux pieds et non sur quatre pattes, simplement parce qu'il est né de parents appartenant à l'espèce Homme.

Tout ce que nous pouvons faire, c'est de donner un conseil ; et encore, tout en le donnant nous ajoutons :
— « Ce conseil n'aura de valeur que si tu reconnais toi-même par l'expérience et l'observation qu'il est bon à suivre. »

Quand nous voyons un jeune homme courber le dos et se resserrer ainsi la poitrine et les poumons, nous lui conseillons de se redresser et de tenir la tête haute et la poitrine grandement ouverte. Nous lui conseillons d'avaler l'air à pleins poumons, de les élargir, parce que, en cela, il trouvera la meilleure garantie contre la phtisie. Mais, en même temps, nous lui enseignons la physiologie, afin qu'il connaisse les fonctions des poumons et choisisse lui-même la posture qu'il saura être la meilleure.

C'est aussi tout ce que nous pouvons faire en fait de morale. Nous n'avons que le droit de donner un conseil ; auquel nous devons encore ajouter : « Suis-le si tu le trouves bon ».

Mais en laissant à chacun le droit d'agir comme bon lui semble ; en niant absolument à la société le droit de punir qui que ce soit et de quelque façon que ce soit, pour quelque acte antisocial qu'il ait commis, — nous ne renonçons pas à notre capacité d'aimer ce qui nous semble bon, et de haïr ce qui nous semble mauvais. Aimer — et haïr ; car il n'y a que ceux qui savent haïr qui sachent aimer. Nous nous réservons cela, et puisque cela seul suffit à chaque société animale pour maintenir et développer les sentiments moraux, cela suffira d'autant plus à l'espèce humaine.

Nous ne demandons qu'une chose, c'est à éliminer tout ce qui, dans la société actuelle, empêche le libre développement de ces deux sentiments, tout ce qui fausse notre jugement : l'État, l'Église, l'Exploitation ; le juge, le prêtre, le gouvernant, l'exploiteur.

Aujourd'hui, quand nous voyons un Jacques l'Éventreur égorger à la file dix femmes des plus pauvres, des plus misérables, — et moralement supérieures aux trois quarts des riches bourgeoises — notre premier sentiment est celui de haine. Si nous le rencontrions le jour où il a égorgé cette femme qui voulait se faire payer par lui les six sous de son taudis, nous lui aurions logé une balle dans le crâne, sans réfléchir que la balle eût été mieux à sa place dans le crâne du propriétaire du taudis.

Mais quand nous nous ressouvenons de toutes les infamies qui l'ont amené, lui à ces meurtres ; quand nous pensons à ces ténèbres dans lesquelles il rôde, hanté par des images puisées dans des livres immondes ou par des pensées soufflées par des livres stupides, — notre sentiment se dédouble. Et le jour où nous saurons Jacques entre les mains d'un juge qui, lui, a froidement massacré dix fois plus de vies humaines, d'hommes, de femmes et d'enfants, que tous les Jacques ; quand nous le saurons entre les mains de ces maniaques à froid où de ces gens qui envoient un Borras au bagne pour démontrer aux bourgeois qu'ils montent la garde autour d'eux — alors toute notre haine contre Jacques l'Éventreur disparaîtra. Elle se portera ailleurs. Elle se transforme en haine contre la société lâche et hypocrite, contre ses représentants reconnus. Toutes les infamies d'un éventreur disparaissent devant cette série séculaire d'infamies commises au nom de la Loi. C'est elle que nous haïssons.

Aujourd'hui, notre sentiment se dédouble continuel-lement. Nous sentons que nous tous, nous sommes plus ou moins volontairement ou involontairement les suppôts de cette société. Nous n'osons plus haïr. Osons-nous seulement aimer ? Dans une société basée sur l'exploitation et la servitude, la nature humaine se dégrade.

Mais, à mesure que la servitude disparaîtra, nous rentrerons dans nos droits. Nous nous sentirons la force de haïr et d'aimer, même dans des cas aussi compliqués que celui que nous venons de citer.

Quant à notre vie de tous les jours, nous donnons déjà libre cours à nos sentiments de sympathie ou d'antipathie ; nous le faisons déjà à chaque instant. Tous nous aimons la force morale et tous nous méprisons la faiblesse morale, la lâcheté. À chaque instant, nos paroles, nos regards, nos sourires expriment notre joie à la vue des actes utiles à la race humaine, de ceux que nous considérons comme bons. À chaque instant, nous manifestons par nos regards et nos paroles la répugnance que nous inspirent la lâcheté, la tromperie, l'intrigue, le manque de courage moral. Nous trahissons notre dégoût, alors même que sous l'influence d'une éducation de « savoir-vivre », c'est-à-dire d'hypocrisie, nous cherchons encore à cacher ce dégoût sous des dehors menteurs qui disparaîtront à mesure que des relations d'égalité s'établiront entre nous.

Eh bien, cela seul suffit déjà pour maintenir à un certain niveau la conception du bien et du mal et se l'imprégner mutuellement ; cela suffira d'autant mieux lorsqu'il n'y aura plus ni juge ni prêtre dans la société, — d'autant mieux que les principes moraux perdront tout caractère d'obligation, et seront considérés comme de simples rapports naturels entre des égaux.

Et cependant, à mesure que ces rapports s'établissent, une conception morale encore plus élevée surgit dans la société et c'est cette conception que nous allons analyser.

VIII

Jusqu'à présent, dans toute notre analyse, nous n'avons fait qu'exposer de simples principes d'égalité. Nous nous sommes révoltés, et nous avons invité les autres à se révolter contre ceux qui s'arrogent le droit de traiter autrui comme ils ne voudraient nullement être traités eux-mêmes ; contre ceux qui ne voudraient être ni trompés, ni exploités, ni brutalisés, ni prostitués, mais qui le font à l'égard des autres. Le mensonge, la brutalité et ainsi de suite, avons-nous dit, sont répugnants, non parce qu'ils sont désapprouvés par les codes de moralité — nous ignorons ces codes — ils sont répugnants parce que le mensonge, la brutalité, etc., révoltent les sentiments d'égalité de celui pour lequel l'égalité n'est pas un vain mot ; ils révoltent surtout celui qui est réellement anarchiste dans sa façon de penser et d'agir.

Mais rien que ce principe si simple, si naturel et si évident — s'il était généralement appliqué dans la vie — constituerait déjà une morale très élevée, comprenant tout ce que les moralistes ont prétendu enseigner.

Le principe égalitaire résume les enseignements des moralistes. Mais il contient aussi quelque chose de plus. Et ce quelque chose est le respect de l'individu. En proclamant notre morale égalitaire et anarchiste, nous refusons de nous arroger le droit que les moralistes ont toujours prétendu exercer — celui de mutiler l'individu au nom d'un certain idéal qu'ils croyaient bon. Nous ne reconnaissons ce droit à personne ; nous n'en voulons pas pour nous.

Nous reconnaissons la liberté pleine et entière de l'individu ; nous voulons la plénitude de son existence, le développement libre de toutes les facultés. Nous ne voulons rien lui imposer et nous retournons ainsi au principe que Fourier opposait à la morale des religions, lorsqu'il disait :

Laissez les hommes absolument libres ; ne les mutilez pas — les religions l'ont assez fait. Ne craignez même pas leurs passions : dans une société *libre*, elles n'offriront aucun danger.

Pourvu que vous-même n'abdiquiez pas votre liberté ; pourvu que vous-même ne vous laissiez pas asservir par les autres ; et pourvu qu'aux passions violentes et antisociales de tel individu vous opposiez vos passions sociales, tout aussi vigoureuses. Alors vous n'aurez rien à craindre de la liberté.

Nous renonçons à mutiler l'individu au nom de n'importe quel idéal : tout ce que nous nous reservons, c'est de franchement exprimer nos sympathies et nos antipathies pour ce que nous trouvons bon ou mauvais. Untel trompe-t-il ses amis ? C'est sa volonté, son caractère ? Soit ! Eh bien, c'est *notre* caractère, c'est *notre* volonté de mépriser le menteur ! Et une fois que tel est notre caractère, soyons francs. Ne nous précipitons pas vers lui pour le serrer sur notre gilet et lui prendre affectueusement la main, comme cela se fait aujourd'hui ! À sa passion active, opposons la nôtre, tout aussi active et vigoureuse.

C'est tout ce que nous avons le droit et le devoir de faire pour maintenir dans la société le principe égalitaire. C'est encore le principe d'égalité, mis en pratique.

Tout cela, bien entendu, ne se fera entièrement que lorsque les grandes causes de dépravation : capitalisme, religion, justice, gouvernement, auront cessé d'exister. Mais cela peut se faire déjà en grande partie dès aujourd'hui. Cela se fait déjà.

Et cependant, si les sociétés ne connaissent que ce principe d'égalité ; si chacun, se tenant à un principe d'équité marchande, se gardait à chaque instant de donner aux autres quelque chose en plus de ce qu'il reçoit d'eux — ce serait la mort de la société. Le principe même d'égalité disparaîtrait de nos relations, car pour le maintenir, il faut qu'une chose plus grande, plus belle, plus vigoureuse que la simple équité se produise sans cesse dans la vie.

Et cette chose se produit.

Jusqu'à présent, l'humanité n'a jamais manqué de ces grands cœurs qui débordaient de tendresse, d'esprit ou de volonté, et qui employaient leur sentiment, leur intelligence ou leur force d'action au service de la race humaine, sans rien lui demander en retour.

Cette fécondité de l'esprit, de la sensibilité ou de la volonté prend toutes les formes possibles. C'est le chercheur passionné de la vérité qui, renonçant à tous les autres plaisirs de la vie, s'adonne avec passion à la recherche de ce qu'il croit être vrai et juste, contrairement aux affirmations des ignorants qui l'entourent. C'est l'inventeur qui vit du jour au lendemain, oublie jusqu'à la nourriture et touche à peine au pain qu'une femme qui se dévoue pour lui, lui fait manger comme à un enfant, tandis que lui poursuit son invention destinée, pense-t-il, à changer la face du monde. C'est le révolutionnaire ardent, auquel les joies de l'art, de la science, de la famille même, paraissent âpres tant qu'elles ne sont pas partagées par tous et qui travaille à régénérer le monde malgré la misère et les persécutions. C'est le jeune garçon qui, au récit des atrocités de l'invasion, prenant au mot les légendes de patriotisme qu'on lui soufflait à l'oreille, allait s'inscrire dans un corps franc, marchait dans la neige, souffrait de la faim et finissait par tomber sous les balles.

C'est le gamin de Paris, qui mieux inspiré et doué d'une intelligence plus féconde, choisissant mieux ses aversions et ses sympathies, courait aux remparts avec son petit frère cadet, restait sous la pluie des obus et mourait en murmurant : « Vive la Commune ! » C'est l'homme qui se révolte à la vue d'une iniquité, sans se demander ce qui en résultera et, alors que tous plient l'échine, démasque l'iniquité, frappe l'exploiteur, le petit tyran de l'usine, ou le grand tyran d'un empire. C'est enfin tous ces dévouements sans nombre, moins éclatants et pour cela inconnus, méconnus presque toujours, que l'on peut observer sans cesse, surtout chez la femme, pourvu que l'on veuille se donner la peine d'ouvrir les yeux et de remarquer ce qui fait le bond de l'humanité, ce qui lui permet encore de se débrouiller tant bien que mal, malgré l'exploitation et l'oppression qu'elle subit.

Ceux-là forgent, les uns dans l'obscurité, les autres sur une arène plus grande, les vrais progrès de l'humanité. Et l'humanité le sait. C'est pourquoi elle entoure leurs vies de respect, de légendes. Elle les embellit même et en fait les héros de ses contes, de ses chansons, de ses romans. Elle aime en eux le courage, la bonté, l'amour et le dévouement qui manquent au grand nombre. Elle transmet leur mémoire à ses enfants. Elle se souvient de ceux mêmes qui n'ont agi que dans le cercle étroit de la famille et des amis, en vénérant leur mémoire dans les traditions de famille.

Ceux-là font la vraie moralité, — la seule, d'ailleurs, qui soit digne de ce nom — le reste n'était que de simples rapports d'égalité. Sans ces courages et ces dévouements, l'humanité se serait abrutie dans la vase des calculs mesquins. Ceux-là, enfin, préparant la moralité de l'avenir, celle qui viendra lorsque, cessant de compter, nos enfants grandiront dans l'idée que le meilleur usage de toute chose, de toute énergie, de tout courage, de tout amour, est là où le besoin de cette force se sent le plus vivement.

Ces courages, ces dévouements ont existé de tout temps. On les rencontre chez tous les animaux. On les rencontre chez l'homme, même pendant les époques de plus grand abrutissement.

Et, de tout temps, les religions ont cherché à se les approprier, à en battre monnaie à leur propre avantage. Et si les religions vivent encore, c'est parce que — à part l'ignorance — elles ont de tout temps fait appel précisément à ces dévouements, à ces courages. C'est encore à eux que font appel les révolutionnaires — surtout les révolutionnaires socialistes.

Quant à les expliquer, les moralistes religieux, utilitaires et autres, sont tombés, à leur égard, dans les erreurs que nous avons déjà signalées. Mais il appartient à ce jeune philosophe, Guyau — ce penseur, anarchiste sans le savoir d'avoir indiqué la vraie origine de ces courages et de ces dévouements, en dehors de toute force mystique, en dehors de tous calculs mercantiles bizarrement imaginés par les utilitaires de l'école anglaise. Là où la philosophie kantienne, positiviste et évolutionniste ont échoué, la philosophie anarchiste a trouvé le vrai chemin.

Leur origine, a dit Guyau, *c'est le sentiment de sa propre force. C'est la vie qui déborde, qui cherche à se répandre.* « Sentir intérieurement ce qu'on est capable de faire, c'est par là même prendre la première conscience de ce qu'on a le devoir de faire ».

Le sentiment moral du devoir, que chaque homme a senti dans sa vie et que l'on a cherché à expliquer par tous les mysticismes. « Le devoir n'est autre chose qu'une surabondance de vie qui demande à s'exercer, à se donner ; c'est en même temps le sentiment d'une puissance ».

Toute force qui s'accumule crée une pression sur les obstacles placés devant elle. *Pouvoir* agir, c'est *devoir* agir. Et toute cette « obligation » morale dont on a tant parlé et écrit, dépouillée de tout mysticisme, se réduit ainsi à cette conception vraie : *la vie ne peut se maintenir qu'à condition de se répandre.*

« La plante ne peut pas s'empêcher de fleurir. Quelquefois fleurir, pour elle, c'est mourir. N'importe, la sève monte toujours ! » conclut le jeune philosophe anarchiste.

Il en est de même pour l'être humain lorsqu'il est plein de force et d'énergie. La force s'accumule en lui. Il répand sa vie. Il donne sans compter — sans cela il ne vivrait pas. Et s'il doit périr, comme la fleur en s'épanouissant — n'importe ! La sève monte, si sève il y a.

Sois fort ! Déborde d'énergie passionnelle et intellectuelle — et tu déverseras sur les autres ton intelligence, ton amour, ta force d'action ! — Voilà à quoi se réduit tout l'enseignement moral, dépouillé des hypocrisies de l'ascétisme oriental.

IX

Ce que l'humanité admire dans l'homme vraiment moral, c'est sa force, c'est l'exubérance de la vie, qui le pousse à donner son intelligence, ses sentiments, ses actes, sans rien demander en retour.

L'homme fort de pensée, l'homme qui déborde de vie intellectuelle, cherche naturellement à se répandre. Penser, sans communiquer sa pensée aux autres, n'aurait aucun attrait. Il n'y a que l'homme pauvre d'idées qui, après en avoir déniché une avec peine, la cache soigneusement pour lui apposer plus tard l'estampille de son nom. L'homme fort d'intelligence déborde de pensées : il les sème à pleines nains. Il souffre s'il ne peut les partager, les semer aux quatre vents : c'est là sa vie.

Il en est de même pour le sentiment. — « Nous ne sommes pas assez pour nous-mêmes : nous avons plus de larmes qu'il n'en faut pour nos propres souffrances, plus de joies en réserve que n'en justifie notre propre existence », a dit Guyau, résumant ainsi toute la question de moralité en quelques lignes si justes, prises sur la nature. L'être solitaire souffre, il est pris d'une certaine inquiétude, parce qu'il ne peut partager sa pensée, ses sentiments avec les autres. Quand on ressent un grand plaisir, on voudrait faire savoir aux autres qu'on existe, qu'on sent, qu'on aime, que l'on vit, qu'on lutte, que l'on combat.

En même temps, nous sentons le besoin d'exercer notre volonté, notre force d'action. Agir, travailler est devenu un besoin pour l'immense majorité des hommes ; si bien que lorsque des conditions absurdes éloignent l'homme ou la femme du travail utile, ils inventent des travaux, des obligations futiles et insensées pour ouvrir un champ quelconque à leur force d'action. Ils inventent n'importe quoi — une théorie, une religion, un « devoir social », pour se persuader qu'ils font quelque chose d'utile. Quand ils dansent, c'est pour la charité ; quand ils se ruinent par leurs toilettes, c'est pour maintenir l'aristocratie à sa hauteur ; quand ils ne font rien du tout, c'est par principe.

« On a besoin d'aider autrui, de donner son coup d'épaule au coche qu'entraîne péniblement l'humanité ; en tout cas on bourdonne autour », dit Guyau. Ce besoin de donner son coup d'épaule est si grand qu'on le retrouve chez tous les animaux sociables, si inférieurs qu'ils soient. Et toute cette immense activité qui chaque jour se dépense si inutilement en politique, qu'est-ce, sinon le besoin de donner son coup d'épaule au coche ou de bourdonner autour ?

Certainement, cette « fécondité de la volonté », cette soif d'action quand elle n'est accompagnée que d'une sensibilité pauvre et d'une intelligence incapable de créer, ne donnera qu'un Napoléon 1er ou un Bismarck — des toqués qui voulaient faire marcher le monde à rebours. D'autre part, une fécondité de l'esprit, dénuée cependant de sensibilité bien développée, donnera ces fruits secs, les savants qui ne font qu'arrêter le progrès de la science. Et enfin la sensibilité non guidée par une intelligence assez vaste produira ces femmes prêtes à tout sacrifier à une brute quelconque sur laquelle elles versent tout leur amour.

Pour être réellement féconde, la vie doit être en intelligence, en sentiment et en volonté à la fois. Mais alors, cette fécondité dans toutes les directions c'est la vie : la seule chose qui mérite ce nom. Pour un moment de cette vie, ceux qui l'ont entrevue donnent des années d'existence végétative. Sans cette vie débordante, on n'est qu'un vieillard avant l'âge, un impuissant, une plante qui se dessèche sans jamais avoir fleuri.

« Laissons aux pourritures fin de siècle cette vie qui n'en est pas une » — s'écrie la jeunesse, la vraie jeunesse pleine de sève qui veut vivre et semer la vie autour d'elle. Et chaque fois qu'une société tombe en pourriture, une poussée venue de cette jeunesse brise les vieux moules économiques, politiques, moraux pour faire germer une vie nouvelle. Qu'importe si untel ou untel tombe dans la lutte ! La sève monte toujours. Pour lui, vivre c'est fleurir, quelles qu'en soient les conséquences ! Il ne les regrette pas.

Mais, sans parler des époques héroïques de l'humanité, et en prenant la vie de tous les jours — est-ce une vie que de vivre en désaccord avec son idéal ?

De nos jours, on entend dire souvent que l'on se moque de l'idéal. Cela se comprend. On a si souvent confondu l'idéal avec la mutilation bouddhiste ou chrétienne, on a si souvent employé ce mot pour tromper les naïfs, que la réaction est nécessaire et salutaire. Nous aussi, nous aimerions remplacer ce mot « idéal », couvert de tant de souillures, par un mot nouveau plus conforme aux idées nouvelles.

Mais, quel que soit le mot, le fait est là : chaque être humain à son idéal. Bismark a le sien, si fantastique qu'il soit : le gouvernement par le fer et le feu. Chaque bourgeois a le sien, — ne serait-ce que la baignoire d'argent de Gambetta, le cuisinier Trompette, et beaucoup d'esclaves pour payer Trompette et la baignoire sans trop se faire tirer l'oreille.

Mais à côté de ceux-là, il y a l'être humain qui a conçu un idéal supérieur. Une vie de brute ne peut pas le satisfaire. La servilité, le mensonge, le manque de bonne foi, l'intrigue, l'inégalité dans les rapports humains le révoltent. Comment peut-il devenir servile, menteur intrigant, dominateur à son tour ? Il entrevoit combien la vie serait belle si des rapports meilleurs existaient entre tous ; il se sent la force de ne pas manquer, lui, à établir ces meilleurs rapports avec ceux qu'il rencontrera dans son chemin. Il conçoit ce que l'on a appelle l'idéal.

D'où vient cet idéal ? Comment se façonne-t-il, par l'hérédité d'une part et les impressions de la vie d'autre part ? Nous le savons à peine. Tout au plus pourrions-nous en faire dans nos biographies, une histoire plus ou moins vraie. Mais il est là — variable, progressif, ouvert aux influences du dehors, mais toujours vivant. C'est une sensation inconsciente en partie, de ce qui donnera la plus grande somme de vitalité, la jouissance d'être.

Eh bien, la vie n'est vigoureuse, féconde, riche en sensations, qu'à condition de répondre à cette sensation de l'idéal. Agissez contre cette sensation et vous sentez votre vie se dédoubler ; elle n'est plus une, elle perd de sa vigueur. Manquez souvent à votre idéal, et vous finissez par paralyser votre volonté, votre force d'action. Bientôt vous ne retrouverez plus cette vigueur, cette spontanéité de décision que vous connaissiez jadis. Vous êtes brisé.

Rien de mystérieux là-dedans, une fois que vous envisagez l'homme comme un composé de centres nerveux et cérébraux agissant indépendamment. Flottez entre les divers sentiments qui luttent en vous et vous arriverez bientôt à rompre l'harmonie de l'organisme, vous serez un malade sans volonté. L'intensité de la vie baissera et vous aurez beau chercher des compromis, vous ne serez plus l'être complet, fort, vigoureux que vous étiez lorsque vos actes se trouvaient en accord avec les conceptions idéales de votre cerveau.

X

Et maintenant, disons, avant de terminer, un mot de ces deux termes, issus de l'école anglaise, *altruisme* et *égoïsme*, dont on nous écorche continuellement les oreilles.

Jusqu'à présent nous n'en avons même pas parlé dans cette étude. C'est que nous ne voyons même pas la distinction que les moralistes anglais ont cherché à introduire.

Quand nous disons : « Traitons les autres comme nous voulons être traités nous-mêmes » — est-ce de l'égoïsme ou de l'altruisme que nous recommandons ? Quand nous nous élevons plus haut et que nous disons : « Le bonheur de chacun est intimement lié au bonheur de tous ceux qui l'entourent. On peut avoir par hasard quelques années de bonheur relatif dans une société basée sur le malheur des autres mais ce bonheur est bâti sur le sable. Il ne peut pas durer, la moindre des choses suffit pour le briser ; et il est misérablement petit en comparaison du bonheur possible dans une société d'égaux. Aussi, chaque fois que tu viseras le bien de tous, tu agiras bien ; » quand nous disons cela, est-ce de l'altruisme ou de l'égoïsme que nous prêchons ? Nous constatons simplement un fait.

Et quand nous ajoutons, en paraphrasant une parole de Guyau : « Sois fort ; sois *grand* dans tous tes actes ; développe ta vie dans toutes les directions ; sois aussi riche que possible en énergie, et pour cela sois l'être le plus social et le plus sociable, — si tu tiens à jouir d'une vie pleine, entière et féconde. Guidé toujours par une intelligence richement développée, lutte, risque, — le risque a ses jouissances immenses — jette tes forces sans les compter, tant que tu en as, dans tout ce que tu sentiras être beau et grand — et alors tu auras joui de la plus grande somme possible de bonheur. Sois un avec les masses, et alors, quoi qu'il t'arrive dans la vie, tu sentiras battre avec toi précisément les cœurs que tu estimes, et battre contre toi ceux que tu méprises ! » Quand nous disons cela, est-ce de l'altruisme ou de l'égoïsme que nous enseignons ?

Lutter, affronter le danger ; se jeter à l'eau pour sauver, non seulement un homme, mais un simple chat ; se nourrir de pain sec pour mettre fin aux iniquités qui vous révoltent ; se sentir d'accord avec ceux qui méritent d'être aimés, se sentir aimé par eux — pour un philosophe infirme, tout cela est peut-être un sacrifice, mais pour l'homme et la femme pleins d'énergie, de force, de vigueur, de jeunesse, c'est le plaisir de se sentir vivre.

Est-ce de l'égoïsme ? Est-ce de l'altruisme ?

En général, les moralistes qui ont bâti leurs systèmes sur une opposition prétendue entre les sentiments égoïstes et les sentiments altruistes, ont fait fausse route. Si cette opposition existait en réalité, si le bien de l'individu était réellement opposé à celui de la société, l'espèce humaine n'aurait pu exister ; aucune espèce animale n'aurait pu atteindre son développement actuel. Si les fourmis ne trouvaient un plaisir intense à travailler toutes, pour le bien-être de la fourmilière, la fourmilière n'existerait pas, et la fourmi ne serait pas ce qu'elle est aujourd'hui : l'être le plus développé parmi les insectes, un insecte dont le cerveau, à peine perceptible sous le verre grossissant, est presque aussi puissant que le cerveau moyen de l'homme. Si les oiseaux ne trouvaient pas un plaisir intense dans leurs migrations, dans les soins qu'ils donnent à élever leur progéniture, dans l'action commune pour la défense de leurs sociétés contre les oiseaux rapaces, l'oiseau n'aurait pas atteint le développement auquel il est arrivé. Le type de l'oiseau aurait rétrogradé, au lieu de progresser.

Et quand Spencer prévoit un temps où le bien de l'individu se *confondra* avec le bien de l'espèce, il oublie une chose : c'est que si les deux *n'avaient pas toujours été identiques*, l'évolution même du règne animal n'aurait pu s'accomplir.

C'est qu'il y a eu de tout temps, c'est qu'il s'est toujours trouvé, dans le monde animal comme dans l'espèce humaine, un grand nombre d'individus qui ne comprenaient pas que le bien de l'individu et celui de l'espèce sont, au fond, identiques. Ils ne comprenaient pas que vivre d'une vie intense étant le but de chaque individu, il trouve la plus grande intensité de la vie dans la plus grande sociabilité, dans la plus parfaite identification de soi-même avec tous ceux qui l'entourent.

Mais ceci n'était qu'un manque d'intelligence, un manque de compréhension. De tout temps il y a eu des hommes bornés ; de tout temps il y a eu des imbéciles. Mais jamais, à aucune époque de l'histoire, ni même de la géologie, le bien de l'individu n'a été opposé à celui de la société. De tout temps ils restaient identiques, et ceux qui l'ont le mieux compris ont toujours joui de la vie la plus complète.

La distinction entre l'égoïsme et l'altruisme est donc absurde à nos yeux. C'est pourquoi nous n'avons rien dit, non plus, de ces compromis que l'homme, à en croire les utilitariens, ferait toujours entre ses sentiments égoïstes et ses sentiments altruistes. Ces compromis n'existent pas pour l'homme convaincu.

Ce qui existe c'est que réellement, dans les conditions actuelles, alors même que nous cherchons à vivre conformément à nos principes égalitaires, nous les sentons froissés à chaque pas. Si modestes que soient notre repos et notre lit, nous sommes encore des Rothschild en comparaison de celui qui couche sous les ponts et qui manque si souvent de pain sec. Si peu que nous donnions aux jouissances intellectuelles et artistiques, nous sommes encore des Rothschild en comparaison des millions qui rentrent le soir, abrutis par le travail manuel, monotone et lourd, qui ne peuvent pas jouir de l'art et de la science et mourront sans jamais avoir connu ces hautes jouissances.

Nous sentons que nous n'avons pas poussé le principe égalitaire jusqu'au bout. Mais nous ne voulons pas faire de compromis avec ces conditions. Nous nous révoltons contre elles. Elles nous pèsent. Elles nous rendent révolutionnaires. Nous ne nous accommodons pas de ce qui nous révolte. Nous répudions tout compromis, tout armistice même, et nous nous promettons de lutter à outrance contre ces conditions.

Ceci n'est pas un compromis ; et l'homme convaincu n'en veut pas qui lui permette de dormir tranquille en attendant que cela change de soi-même.

Nous voilà enfin au bout de notre étude.

Il y a des époques, avons-nous dit, où la conception morale change tout à fait. On s'aperçoit que ce que l'on avait considéré comme moral est de la plus profonde immoralité. Ici, c'était une coutume, une tradition vénérée, mais immorale dans le fond. Là, on ne trouve qu'une morale faite à l'avantage d'une seule classe. On les jette par-dessus bord, et l'on s'écrit : « À bas la morale ! » On se fait un devoir de faire des actes immoraux.

Saluons ces époques. Ce sont des époques de critique. Elles sont le signe le plus sûr qu'il se fait un grand travail de pensée dans la société. C'est l'élaboration d'une morale supérieure.

Ce que sera cette morale, nous avons cherché à le formuler en nous basant sur l'étude de l'homme et des animaux. Et nous avons vu la morale qui se dessine déjà dans les idées des masses et des penseurs.

Cette morale n'ordonnera rien. Elle refusera absolument de modeler l'individu selon une idée abstraite, comme elle refusera de le mutiler par la religion, la loi et le gouvernement. Elle laissera la liberté pleine et entière à l'individu. Elle deviendra une simple constatation de faits, une science.

Et cette science dira aux hommes : si tu ne sens pas en toi la force, si les forces sont justes, ce qu'il faut pour maintenir une vie grisâtre, monotone, sans fortes impressions, sans grandes jouissances, mais aussi sans grande souffrance, eh bien, tiens-t'en aux simples principes de l'équité égalitaire. Dans des relations égalitaires, tu trouveras, à tout prendre, la plus grande somme de bonheur possible, étant données tes forces médiocres.

Mais si tu sens en toi la force de la jeunesse, si tu veux vivre, si tu veux jouir de la vie entière, pleine, débordante — c'est-à-dire connaître la plus grande jouissance qu'un être vivant puisse désirer — sois fort, sois grand, sois énergique dans tout ce que tu feras.

Sème la vie autour de toi. Remarque que tromper, mentir, intriguer, ruser, c'est t'avilir, te rapetisser, te reconnaître faible d'avance, faire comme l'esclave du harem qui se sent inférieur à son maître. Fais-le si cela te plaît, mais alors sache d'avance que l'humanité te considérera petit, mesquin, faible, et te traitera en conséquence. Ne voyant pas ta force, elle te traitera comme un être qui mérite la compassion — de la compassion seulement. Ne t'en prends pas à l'humanité, si toi-même tu paralyses ainsi ta force d'action.

Sois fort, au contraire. Et une fois que tu auras vu une iniquité et que tu l'auras comprise, — une iniquité dans la vie, un mensonge dans, la science, ou une souffrance imposée par un autre — révolte-toi contre l'iniquité, le mensonge et l'injustice. Lutte ! La lutte c'est la vie d'autant plus intense que la lutte sera plus vive. Et alors tu auras vécu, et pour quelques heures de cette vie tu ne donneras pas des années de végétation dans la pourriture du marais.

Lutte pour permettre à tous de vivre de cette vie riche et débordante, et sois sûr que tu retrouveras dans cette lutte des joies si grande que tu n'en trouverais pas de pareilles dans aucune autre activité. C'est tout ce que peut te dire la science de la morale. À toi de choisir.

Principe Anarchiste

À ses débuts, l'Anarchie se présenta comme une simple négation. Négation de l'État et de l'accumulation personnelle du Capital. Négation de toute espèce d'autorité. Négation encore des formes établies de la Société, basées sur l'injustice, l'égoïsme absurde et l'oppression, ainsi que de la morale courante, dérivée du Code romain, adopté et sanctifié par l'Église chrétienne. C'est sur une lutte, engagée contre l'autorité, née au sein même de l'Internationale, que le parti anarchiste se constitua comme parti révolutionnaire distinct.

Il est évident que des esprits aussi profonds que Godwin, Proudhon et Bakounine, ne pouvaient se borner à une simple négation. L'affirmation — la conception d'une société libre, sans autorité, marchant à la conquête du bien-être matériel, intellectuel et moral — suivait de près la négation ; elle en faisait la contrepartie. Dans les écrits de Bakounine, aussi bien que dans ceux de Proudhon, et aussi de Stirner, on trouve des aperçus profonds sur les fondements historiques de l'idée anti-autoritaire, la part qu'elle a joué dans l'histoire, et celle qu'elle est appelée à jouer dans le développement futur de l'humanité.

« Point d'État », ou « point d'autorité », malgré sa forme négative, avait un sens profond affirmatif dans leurs bouches. C'était un principe philosophique et pratique en même temps, qui signifiait que tout l'ensemble de la vie des sociétés, tout, — depuis les rapports quotidiens entre individus jusqu'aux grands rapports des races par-dessus les Océans, — pouvait et devait être réformé, et serait nécessairement réformé, tôt ou tard, selon les grands principes de l'anarchie — la liberté pleine et entière de l'individu, les groupements naturels et temporaires, la solidarité, passée à l'état d'habitude sociale.

Voilà pourquoi l'idée anarchiste apparut du coup grande, rayonnante, capable d'entraîner et d'enflammer les meilleurs esprits de l'époque.

Disons le mot, elle était *philosophique*.

Aujourd'hui on rit de la philosophie. On n'en riait cependant pas du temps du *Dictionnaire philosophique* de Voltaire, qui, en mettant la philosophie à la portée de tout le monde et en invitant tout le monde à acquérir des notions générales de toutes choses, faisait une œuvre révolutionnaire, dont on retrouve les traces, et dans le soulèvement des campagnes, et dans les grandes villes de 1793, et dans l'entrain passionné des volontaires de la Révolution. À cette époque-là, les affameurs redoutaient la philosophie.

Mais les curés et les gens d'affaires, aidés des philosophes universitaires allemands, au jargon incompréhensible, ont parfaitement réussi à rendre la philosophie inutile, sinon ridicule. Les curés et leurs adeptes ont tant dit que la philosophie c'est de la bêtise, que les athées ont fini par y croire. Et les affairistes bourgeois, — les opportunards blancs, bleus et rouges — ont tant ri du philosophe que les hommes sincères s'y sont laissé prendre. Quel tripoteur de la Bourse, quel Thiers, quel Napoléon, quel Gambetta ne l'ont-ils pas répété, pour mieux faire leurs affaires ! Aussi, la philosophie est passablement en mépris aujourd'hui.

Eh bien, quoi qu'en disent les curés, les gens d'affaires et ceux qui répètent ce qu'ils ont appris, l'Anarchie fut comprise par ses fondateurs comme une grande idée philosophique. Elle est, en effet, plus qu'un simple mobile de telle ou telle autre action. Elle est un grand principe philosophique. Elle est une vue d'ensemble qui résulte de la compréhension vraie des faits sociaux, du passé historique de l'humanité, des vraies causes du progrès ancien et moderne. Une conception que l'on ne peut accepter sans sentir se modifier toutes nos appréciations, grandes ou petites, des grands phénomènes sociaux, comme des petits rapports entre nous tous dans notre vie quotidienne.

Elle est un principe de lutte de tous les jours. Et si elle est un principe puissant dans cette lutte, c'est qu'elle résume les aspirations profondes des masses, un principe, faussé par la science étatiste et foulé aux pieds par les oppresseurs, mais toujours vivant et actif, toujours créant le progrès, malgré et contre tous les oppresseurs.

Elle exprime une idée qui, de tout temps, depuis qu'il y a des sociétés, a cherché à modifier les rapports mutuels, et un jour les transformera, depuis ceux qui s'établissent entre hommes renfermés dans la même habitation, jusqu'à ceux qui pensent s'établir en groupements internationaux.

Un principe, enfin, qui demande la reconstruction entière de toute la science, physique, naturelle et sociale.

Ce côté *positif*, reconstructeur de l'Anarchie n'a cessé de se développer. Et aujourd'hui, l'Anarchie a à porter sur ses épaules un fardeau autrement grand que celui qui se présentait à ses débuts.

Ce n'est plus une simple lutte contre des camarades d'atelier qui se sont arrogé une autorité quelconque dans un groupement ouvrier. Ce n'est plus une simple lutte contre des chefs que l'on s'était donné autrefois, ni même une simple lutte contre un patron, un juge ou un gendarme.

C'est tout cela, sans doute, car sans la lutte de tous les jours — à quoi bon s'appeler révolutionnaire ? L'idée et l'action sont inséparables, si l'idée a eu prise sur l'individu ; et sans action, l'idée même s'étiole.

Mais c'est encore bien plus que cela. C'est la lutte entre deux grands principes qui, de tout temps, se sont trouvés aux prises dans la Société, le principe de liberté et celui de coercition : deux principes, qui en ce moment même, vont de nouveau engager une lutte suprême, pour arriver nécessairement à un nouveau triomphe du principe libertaire.

Regardez autour de vous. Qu'en est-il resté de tous les partis qui se sont annoncés autrefois comme partis éminemment révolutionnaires ? — Deux partis seulement sont en présence : le parti de la coercition et le parti de la liberté ; Les Anarchistes, et, contre eux, — tous les autres partis, quelle qu'en soit l'étiquette.

C'est que contre tous ces partis, les anarchistes sont seuls à défendre en son entier le principe de la liberté. Tous les autres se targuent de rendre l'humanité heureuse en changeant, ou en adoucissant la forme du fouet. S'ils crient « à bas la corde de chanvre du gibet », c'est pour la remplacer par le cordon de soie, appliqué sur le dos. Sans fouet, sans coercition, d'une sorte ou d'une autre, — sans le fouet du salaire et de la faim, sans celui du juge et du gendarme, sans celui de la punition sous une forme ou sur une autre, — ils ne peuvent concevoir la société. Seuls, nous osons affirmer que punition, gendarme, juge, faim et salaire n'ont jamais été, et ne seront jamais un élément de progrès ; et que sous un régime qui reconnaît ces instruments de coercition, si progrès il y a, le progrès est acquis *contre* ces instruments, et non pas *par* eux.

Voilà la lutte que nous engageons. Et quel jeune cœur honnête ne battra-t-il pas à l'idée que lui aussi peut venir prendre part à cette lutte, et revendiquer contre toutes les minorités d'oppresseurs la plus belle part de l'homme, celle qui a fait tous les progrès qui nous entourent et qui, malgré cela, pour cela même fut toujours foulée aux pieds !
— Mais ce n'est pas tout.

Depuis que la division entre le parti de la liberté et le parti de la coercition devient de plus en plus prononcée, celui-ci se cramponne de plus en plus aux formes mourantes du passé.

Il sait qu'il a devant lui un principe puissant, capable de donner une force irrésistible à la révolution, si un jour il est bien compris par les masses. Et il travaille à s'emparer de chacun des courants qui forment ensemble le grand courant révolutionnaire. Il met la main sur la pensée communaliste qui s'annonce en France et en Angleterre. Il cherche à s'emparer de la révolte ouvrière contre le patronat qui se produit dans le monde entier.

Et, au lieu de trouver dans les socialistes moins avancés que nous des auxiliaires, nous trouvons en eux, dans ces deux directions, un adversaire adroit, s'appuyant sur toute la force des préjugés acquis, qui fait dévier le socialisme dans des voies de traverse et qui finira par effacer jusqu'au sens socialiste du mouvement ouvrier, si les travailleurs ne s'en aperçoivent à temps et n'abandonnent pas leurs chefs d'opinion actuels.

L'anarchiste se voit ainsi forcé de travailler sans relâche et sans perte de temps dans toutes ces directions.

Il doit faire ressortir la partie grande, philosophique du principe de l'Anarchie. Il doit l'appliquer à la science, car par cela, il aidera à remodeler les idées : il entamera les mensonges de l'histoire, de l'économie sociale, de la philosophie, et il aidera à ceux qui le font déjà, souvent inconsciemment, par amour de la vérité scientifique, à imposer le cachet anarchiste à la pensée du siècle.

Il a à soutenir la lutte et l'agitation de tous les jours contre oppresseurs et préjugés, à maintenir l'esprit de révolte partout où l'homme se sent opprimé et possède le courage de se révolter.

Il a à déjouer les savantes machinations de tous les partis, jadis alliés, mais aujourd'hui hostiles, qui travaillent à faire dévier dans des voies autoritaires, les mouvements nés comme révolte contre l'oppression du Capital et de l'État.

Et enfin, dans toutes ces directions il a à trouver, à deviner par la pratique même de la vie, les formes nouvelles que les groupements, soit de métier, soit territoriaux et locaux, pourront prendre dans une société libre, affranchie de l'autorité des gouvernements et des affameurs.

La grandeur de la tâche à accomplir n'est-elle pas la meilleure inspiration pour l'homme qui se sent la force de lutter ? N'est-elle pas aussi le meilleur moyen pour apprécier chaque fait séparé qui se produit dans le courant de la grande lutte que nous avons à soutenir ?

PRÉFACE 3

LA MORALE ANARCHISTE 7

    I 9

    II 15

    III 21

    IV 25

    V 30

    VI 35

    VII 42

    VIII 47

    IX 53

    X 57

PRINCIPE ANARCHISTE 63

Disponible dans la collection
Les Atemporels

— **Du Contrat social** de Jean-Jacques Rousseau
Préfacé par Yoann Laurent-Rouault

— **1984** de George Orwell
Préfacé par Jean-David Haddad
Traduit par Clémentine Vacherie

— **Discours de la servitude volontaire** d'Étienne De La Boétie
Préfacé par Gilles Nuytens

— **Psychologie des foules** de Gustave Le Bon
Préfacé par Benoist Rousseau

— **La ferme des animaux** de George Orwell
Traduit et préfacé par Aïssatou Thiam

— **Qu'est-ce qu'une Nation ?** d'Ernest Renan
Préfacé par Benoist Rousseau

Découvrez les autres collections de JDH Éditions

Magnitudes

Drôles de pages

Uppercut

Nouvelles pages

Versus

Les Collectifs de JDH Éditions

Case Blanche

Hippocrate & Co

My Feel Good

F-Files

Black Files

Quadrato

Baraka

Les Pros de l'Éco

Sporting Club

Tierra Latina

Les Pros de l'Immo

Toque et Plume

L'Édredon

La revue littéraire de JDH Éditions

Venez découvrir les textes de la revue

**Textes et articles dans un rubriquage varié
(chroniques, billets d'humeur, cinéma, poésie…)**

Suivez **JDH Éditions** sur les réseaux sociaux
pour en savoir plus sur les auteurs,
les nouveautés, les projets…

Inscrivez-vous à notre Newsletter sur
www.jdheditions.fr
Pour recevoir l'actualité de nos nouvelles
parutions.